10대를 위한 관계 수업

10대를 위한

관계
수업

사이토 다카시 지음
송지현 옮김

**혼자가 되는 용기 +
타인과 연결되는 힘**

또다른우주

들어가는 말

어렸을 때는 가족이 인간관계의 거의 전부지만, 자라면서 점점 더 친구가 중요해집니다. 사춘기가 되면서부터는 부모님으로부터 조금씩 독립하며 친구들과의 관계가 삶에서 큰 비중을 차지하게 됩니다. 인생에서 중대한 전환점에 서게 된 여러분이 친구와 관련된 불안과 고민을 줄이고 좋은 관계를 맺기를 바라는 마음에서 이 책을 쓰게 되었습니다.

모든 연령대의 우정에 관한 내용이지만, 본격적으로 친구를 사귀기 시작하는 10대에게 초점을 맞추었습니다.

제가 이 책 전체에서 간절하게 전달하려는 것은 복잡하게 느껴지는 친구 문제도 한 발 떨어져서 보면 간단하다는 것입니다. 어떤 고민을 안고 있으면 지금 일어나는 일이 인생 전체를 좌우하는 커다란 문제로 느껴지기 쉽습니다. 친구 관계에서 문제가 생기면 마치 온 세상이 나를 부정하는 듯한 기분, 아무도 나를 좋아하지 않는다는 마음이 들기도 합니다.

사실은 그렇지 않습니다. 친구는 나를 둘러싼 다양한 인간관계의 일부입니다. 그 연결 고리에 다소 변화가 생겼다 해도 인생을 위협하는 문제로 발전하지는 않습니다. 눈앞의 문제에 사로잡혀 먼 앞날을 내다보지 못하고 행동하는 상황에서 벗어나기 위해서는 불안감에 휘둘리지 않는 평온한 마음이 필요합니다.

평온한 마음은 머릿속을 정리하는 힘과 깊은 관련이 있습니다. 복잡하게 느껴지는 일을 정리하고 냉정하게 상황을 파악할 줄 알게 되면 괜한 불안에 사로잡히는 일도 없어집니다.

머릿속을 맑게 유지하는 방법 중 하나는 말의 의미를 제대로 이해하는 것입니다. 말을 명확하게 정의할 수 있다면 머릿속이 정리되어 상황의 본질을 알아차리기 쉬워집니다.

다음과 같이 친구를 정의 내리면 어떨까요?

'함께 있으면 즐겁게 웃을 수 있는 사람, 기운이 나는 사람이 친구다.'

함께 즐거운 시간을 보낼 수 있고, 그 사람과 있으면 기분이 밝아지고 희망이 생긴다면, 친구라고 말하기 충분하지 않을까요?

사이가 좋은 것도 아니고, 함께 있어도 별로 즐겁지 않으며, 저절로 웃음이 나오지 않는 상대와 억지로 이어져 있으려고 하니까 고민스럽고 괴로움이 생깁니다. 그런 관계는 좋은 연결이 아니라 속박입니다. 마음을 짓누르며 우리의 자유를 제한합니다.

함께 있어도 웃을 수 없다면 그런 친구는 아무리 많아도 친구 관계가 좋다고 할 수 없습니다. 사람들과 연결되어 있어도 불안하고 외로운 이유는 겉치레에 불과한 연결을 애써 유지하고 있기 때문입니다. 관계가 그렇게 어그러지면 자신도 이미 느끼고 있을 것입니다. 그러나 혼자 남겨질까 봐 진실을 애써 외면하고, 행복하지 않은 관계에 매달리는 사람들이 많죠.

머릿속을 정리하고, 친구 관계의 본질을 직시하면 '친구'라는 말의 속박에서 벗어날 수 있습니다.

이 책은 '친구란 무엇인가, 좋은 우정을 어떻게 쌓을 수 있을까, 친구 관계의 핵심은 무엇일까'라는 관점에서 친구에 대해 곰곰이 생각해 볼 수 있도록 안내합니다.

코로나19 팬데믹 상황에서 성장한 아동과 청소년은 사회성을 키우는 가장 중요한 시기에 상당 기간 주변 사람들과 제대로 교류하지 못하면서 사람과의 관계에서 여러 어려움을 겪고 있습니다. 갑자기 성큼 다가온 비대면 사회의 도래는 대학생과 사회 초년생은 물론, 오랫동안 사회생활을 해온 성인들에게도 새로운 과제를 안겨주었습니다.

타인과 사귀는 법을 다시 배워야 할 시기입니다. 이 책 전체가 그 과제를 해결하는 것과 관련된 내용이지만, 특히 마지막 부분에서는 비대면 대화에서 타인과 '마음의 거리를 좁히는 법'을 소개함으로써 시대 변화를 반영했습니다. 앞으로는 대면 접촉 못지 않게 비대면 접촉도 중요하기 때문입니다. 원래 알던 사람이든, 온라인에서만 접촉하는 사람이든, 비대면 접촉이 관계를 유지하는 주요한 수단이 된 시대이므로 비대면 대화에서 더욱 주의를 기울여야 할 사항들을 정리했습니다.

모든 사람과 친구가 되지 않아도 괜찮습니다. 즐겁게

시간을 보내며 함께 웃을 수 있는 사람하고만 친구가 되어도 충분합니다. 다만 친구가 아니어도 서로 헐뜯고 상처 주는 일 없이 공존하는 기술을 갈고닦아야 합니다. 가까운 친구를 만들고 친구가 아닌 사람들과도 평화롭게 공존하는 대인관계 기술을 익히는 것은 청소년기의 가장 중요한 과제입니다.

친구란 무엇인지, 어떻게 관계를 가꾸어나갈지 올바른 가치관을 세워야 할 때입니다.

친구란 무엇인지 제대로 이해하고 친구 관계를 주체적으로 가꾸어나간다면 한층 만족스러운 삶을 누릴 수 있을 것입니다. 여러분은 반드시 그렇게 할 수 있습니다.

인생의 사막을 건너는 것은

고독과 외로움, 다른 사람과 함께하기,

서로 도움을 주고받는 것 사이에서

춤을 추는 것과 같다.

_스티브 도나휴

제1장

친구란
무엇일까?

친구는 왜 필요할까?

"친구가 필요한가요?"

여러분에게 이렇게 묻는다면 어떤 대답이 나올까요?

"당연하죠!"

"친구가 없으면 외롭잖아요."

여기저기에서 이런 대답이 들리는 것 같습니다. 그럼 하나 더 묻겠습니다.

"왜 친구가 필요할까요?"

"인간은 혼자 살아갈 수 없으니까요."

"서로 의지하고 도와주어야 하니까요."

친구가 필요하다는 건 너무 당연한 얘기라 그런 건 생각해 본 적 없는 사람도 있을지 모릅니다.

저는 이렇게 생각합니다.

인생의 시기와 나이에 따라, 또 사람에 따라 친구가 필요할 수도 있고, 아닐 수도 있습니다. 성인이 되면 친구보다 일이나 연인, 가족을 더 중요하게 느끼는 시기가 옵니다. 그러면서 친구를 사귈 시간이 없다고 생각하는 사람이 늘어납니다.

하지만 어린 시절, 특히 10대에는 친구가 반드시 필요합니다.

왜 그럴까요?

엄밀히 말하면 성장기에 꼭 필요한 것은 친구라기보다는 친구를 사귀는 법을 배우는 것입니다.

친구와 함께 있다고 해서 늘 즐거운 것은 아닙니다. 귀찮을 때도 있고, 불쾌할 때도 있죠. 그런 경험을 하면서 나 아닌 다른 사람과 어떻게 관계를 맺고, 어떻게 공존해 나갈지 고민하고 노력하게 됩니다. 이렇게 노력하고 고민하며 문제를 해결해 나가는 행동 방식을 익혀야 합니다. 또래 아이들과 관계를 맺고 친구를 사귀면서 성인이 되어 사회를 살아나가기 위해 익혀야 할 인간관계를 학습하는 것입니다.

왜 친구와 잘 지내기 어려울까?

왜 사춘기 무렵부터 친구 관계에 대한 고민이 늘어나는 걸까요? 더 이상 어린이가 아니기 때문입니다. 몸이 자라났을 뿐만 아니라 뇌가 성장을 거듭한 결과 생각하는 힘이 생기면서, 타인과의 관계가 변하게 된 것입니다.

우선 어린 시절처럼 쉽게 다른 사람과 친구가 될 수 없습니다. 아이들은 비교적 쉽게 서로 친구가 됩니다. 처음 봤어도 이름을 몰라도 놀이터에서 함께 뛰어놀면 이미 친구라고 할 수 있죠. 초등학교 저학년생까지는 아직 그런 시기라 할 수 있습니다. 말을 붙일 작은 실마리만 있어도 금방 친해집니다. 친구가 되기 위한 진입 장벽이 아주 낮습니다.

초등학교에 입학하고 나서 제일 처음 저와 가까워진 친구는 제 뒷자리에 앉은 아이였습니다. 우리가 친구가 된 것은 자리가 붙어 있다는 단순한 이유 때문이었죠. 좌석은 출석부 순으로 정해졌는데, 히라가나 순서(우리말의 가나다라 순서)에 따라 제 이름 바로 다음에 그 친구가 있어서 우리는 앞뒤로 앉게 되었습니다. 우리는 매일 함께 집으로 돌아가고, 생일잔치에도 서로를 초대했습니다.

이렇듯, 초등학생 시절에는 사소한 계기로도 얼마든지 친구가 될 수 있습니다. 저도 친구가 참 많았습니다. 개인차는 있지만, 초등학교 저학년 시절에는 대개 '친구'가 많죠.

하지만 뇌가 성장하며 만 10세 무렵부터 자아와 자의식이 발달합니다. '나'와 '타인'을 구별하는 인식이 강해집

"성장기에 꼭 필요한 것은
친구 그 자체라기보다는
친구를 사귀는 법을
배우는 것입니다."

니다.

'나는 어떤 사람일까?'를 생각하고, 자신의 성격이나 외모에 대해 곰곰이 살펴보기 시작합니다. 다른 사람의 시선을 강하게 의식하게 되면서 '나는 어떻게 보일까?'에 민감해집니다. 주위의 시선이 너무도 신경 쓰여, 하고 싶은 말과 행동을 주저하게 되기도 합니다.

남과 자신을 비교하고 다른 사람을 부러워하는 마음, 시기하는 마음, 자신이 더 우월하다는 것을 인정받고 싶은 마음이 치밀어 오르기 시작합니다. 자신과 친구를 비교하면서 복잡한 감정이 뒤얽혀 친구와의 관계도 그만큼 복잡해집니다.

친구에게 바라는 것도 바뀝니다. 함께 어울려 재미있게 놀 수 있으면 다가 아니라, 대화가 잘 통하는지 서로에게 공감할 수 있는지 내면적인 성향을 중시하게 됩니다. 흥미와 관심사가 통해서 함께 공감할 수 있는 친구가 있다면 정말 행복하죠. 시간 가는 줄 모르고 계속 이야기를 나누며 서로에게 빠져듭니다.

저 역시 중학생 시절, 학교에서 실컷 이야기를 나눴는데도 여전히 못 한 말이 남아서 친구와 함께 아주 천천히 걸어서 귀가하며 길가에서 하염없이 떠들었던 기억이 있습니다.

고민도 친구에게 털어놓고 싶습니다. 어린 시절에는 문제가 있으면 부모님에게 말했습니다. 하지만 초등학교 고학년생이나 중학생쯤 되면 괜히 고민을 털어놓았다가 부모님이 걱정하시거나 성가신 일이 생길까 봐 점점 부모님에게 내밀한 얘기를 하지 않게 됩니다. 특히 좋아하는 이성에 관한 것이나 성적인 얘기는 부모님에게 말하고 싶지 않습니다.

나에 대해 이야기하고 감정을 공유하고 싶은 사람은 마음이 맞는 동성 친구입니다. 그런 친구가 필요해집니다. 하지만 마음을 나눌 수 있는 친구는 쉽게 찾을 수 없습니다.

다들 관계를 맺는 데 서투르다

나만의 다양한 생각과 감정이 있듯 상대에게도 다양한 생각과 감정이 있습니다. 남은 내 뜻대로 움직이지 않습니다.

분명 스마트폰 메시지를 읽었다는 표시가 뜨는데 좀처럼 답이 오지 않을 때가 있습니다. '왜 답이 없지?' 초조하기도 하고 불안하기도 합니다. 사이좋은 단짝이라고 생각했던 친구가 갑자기 차갑게 굴거나 나 아닌 다른 아이와 친하게 지내는 것을 보면 외로움이 차오릅니다.

여럿이 늘 함께 다니다가 한두 번 빠진 이후로 다시 그 친구들과 어울리기 어려울 때도 있습니다. 다른 사정이 있었고 미리 알렸지만, 왠지 서먹서먹해져 예전의 관계를 회복하지 못합니다. 사소한 일로 서로 감정이 어긋납니다. 친구 관계로 마음이 불편해지는 때가 있죠.

이런 상황에서 마음을 어떻게 다스려야 할까요? 10대는 어른의 세계에 발을 들여놓았지만, 관계를 맺는 면에서는 아직 '초보'입니다. 다른 사람들과 자연스럽게 어울리는 데 다들 미숙합니다. 불안하고 흔들리는 그때그때의 감정을 미숙한 사람들끼리 그대로 서로에게 드러내면서 마찰이 생깁니다.

미숙해서 상대의 기분을 헤아리지 못하고 부주의하게 상처를 입히기도 합니다. 갈등 해결 능력이 부족해서 사소한 어긋남도 잘 풀리지 않을 때가 많습니다. 하지만 익숙하지 않다는 것은 경험을 쌓으면 점점 능숙해진다는 의미입니다.

스마트폰이나 컴퓨터, 게임기, 악기도 초보일 때는 미숙하지만 계속 사용하다 보면 손에 익어서 어렵지 않습니다. 다양한 노력을 기울이면 익숙해져서 잘하게 됩니다. 친구 관계, 모든 인간관계도 마찬가지입니다.

초보자가 가장 피해야 할 행동은 실패를 두려워하며 익숙해지려고 노력하지 않는 것입니다. 경험을 쌓지 않으면 익숙해지지 않습니다. 아무리 시간이 지나도 미숙한 상태로 남게 됩니다. 미숙함에서 벗어나려면 익숙하지 않은 상태에서 빨리 빠져나오는 수밖에 없습니다.

주변 사람들도 모두 초보자일 때는 다른 사람들에게 과도한 기대를 하기보다는 스스로 열심히 연습해서 노련해져야 합니다. 어른이 된 후에도 혼자 아이처럼 미숙하게 행동한다면 사람들은 '이 나이까지 철이 안 들고 뭐 한 거야?'라고 생각하며 그냥 그 사람을 피할 것입니다. 어른이 되기 전에 서로 미숙해서 충돌할 때가 스스로 변화할 수 있는 절호의 기회인 셈입니다.

그러니 친구 사이에 불쾌한 일이 생겼다면, '좋은 경험이 될 거야!' '이번에 잘 이겨내면 앞으로 친구 관계로 불편할 일은 별로 없겠지?' 이처럼 가볍게 받아들이고 변화를 시도해 보면 어떨까요?

너무 심각하게 고민하지 않아도 됩니다. 상대 역시 미숙해서 그렇게 반응하는 것이니까요. 경험이 쌓이면 웬만한 상황에는 놀라지 않게 됩니다. '아, 이런 일도 있구나' 하고 받아들일 수 있고, '이럴 때는 이렇게 대처하면 된다'는 것도 점점 알게 됩니다.

관계를 잘 맺는 기술을 익히면 누구보다 나 자신이 편해집니다. 물론 악질적인 괴롭힘은 다른 문제입니다. 그런 경우에는 도움을 줄 수 있는 어른에게 얘기해서 대처해야 합니다.

나의 과제와 타인의 과제를 구별한다

'심각하게 고민하지 말라고 해도 역시 신경이 쓰인다'는 사람에게는 심리학자 아들러의 사고법을 권하고 싶습니다. 기시미 이치로가 쓴 『미움받을 용기』라는 베스트셀러가 있습니다. 아들러의 사상을 대화 형식으로 풀어낸 책이죠. 전문적인 내용도 대화 형식으로 표현하면 구체적

22

으로 다가와서 이해하기 쉽습니다.

아들러는 이렇게 말합니다.

'인간관계의 갈등은 대부분 타인의 과제에 함부로 침범하는 것, 또는 타인이 자신의 과제에 함부로 침범해 들어와서 발생한다.'

'타인의 과제'란 그 사람의 문제이며 다른 사람은 이래라저래라 할 수 없는 것입니다. '나의 과제'란 나 스스로 고민하고 노력해야만 해결할 수 있는 것입니다. 아들러는 이 둘을 확실히 나누어 생각하라고 말하며 이를 '과제의 분리'라고 이름 지었습니다. 자신이 바꿀 수 있는 것과 없는 것을 나누고, 바꿀 수 없는 일로는 고민하지 않습니다. 이것이 사람 사이에 생기는 대부분의 갈등을 해소하는 비결입니다.

예를 들어 사이가 좋았던 친구가 갑자기 내게 차갑게 구는 경우를 보죠. 나는 예전과 똑같이 대하는데, 태도를 바꾼 것은 상대입니다. 이것은 '타인의 과제'이기 때문에 아무리 '내가 뭘 잘못했나?' '뭐가 문제였지?' 하고 고민해도 소용없습니다. 그러니 이 문제는 내가 어쩔 수 없는 일이라고 생각할 줄 알아야 합니다.

우리가 생각해야 할 것은 이 상황에 '나는 어떻게 대처할 것인가'

입니다. '나의 과제'에 대해 무엇을 할 수 있는지 생각해야 합니다. 조금 거리를 두고 상황을 보는 것이 좋습니다. 친구의 태도가 차가워졌지만, 나의 소중한 친구라는 사실은 변함없으므로 '지금까지 했던 것처럼 대하자, 언젠가는 내 진심을 알아주겠지'라고 생각할 수도 있습니다. 아니면 그 친구한테 집착하지 말고 다른 친구와 함께 보내는 시간을 늘려야겠다고 생각해 볼 수도 있습니다.

우리는 자신의 과제에 집중하고 무엇을 할지 결정하면 됩니다. 그러는 사이 상황은 반드시 바뀝니다. 친구와 다시 사이가 좋아질지도 모릅니다. 다른 친구와 더 가까워질 수도 있고 새로운 친구가 생길지도 모릅니다.

내 과제에 집중합시다. '나는 어떻게 하고 싶은가?'라는 관점이 중요합니다.

모두와 사이좋게 지낼 필요는 없다

"모두 사이좋게 지내세요."
어린 시절부터 이런 말을 많이 듣고 자라지 않았나요?

선생님이나 부모님은 누구도 차별하지 말고 모두와 허물 없이 친하게 지내야 한다는 것을 알려주기 위해 그렇게 말씀하셨을 것입니다.

자신의 고유한 정체성을 형성하기 전에는 두루두루 친하게 지내는 것이 즐겁게 생활하는 비결입니다. 하지만 사춘기 무렵이 되면 상황이 그렇게 단순하지 않습니다. '머리가 굵어지는' 사춘기에 "동급생 모두를 '친구'라고 생각하고 친하게 지내세요" 같은 말은 현실적이지 않습니다. '모두와 사이좋게'가 어렵다는 것을 저마다 느끼고 있으니까요.

일정한 나이를 먹으면 더 이상 모두와 친구가 되기는 어렵습니다. 모두와 친구가 아니어도 괜찮습니다. 함께 있으면 즐거운 사람, 마음이 서로 통하는 사람이 '친구'입니다. 다만 친구가 될 수 없을 것 같은 사람과도 서로 상처 주지 않고 원만한 관계를 맺기 위해 노력해야 합니다.

즉, 사춘기가 되면 '마음이 맞는 친구를 만드는 힘'과 '마음이 맞지 않는 상대와도 잘 지낼 수 있는 힘', 이 두 가지가 모두 필요해집니다. 초등학교 고학년생, 또는 중학생이 되었다면 이렇게 생각을 바꿔보면 어떨까요?

사회학자 간노 히토시가 쓴 『친하다는 이유만으로』라는 책이 있습니다. 이 책에서 간노는 '누구와도 친구가 될 수 있고, 사이좋게 지낼 수 있다'는 생각은 환상이라고 말합니다. 이 사고방식에 저도 동감합니다.

모두와 친구가 될 수는 없습니다. 그래도 괜찮습니다.

친구가 많으면 좋을까?

요즘은 친구라는 말에 온갖 좋은 의미를 담고 그 중요성을 지나치게 강조한다는 생각이 듭니다. 친구는 좋은 것, 우정은 훌륭한 것이라는 방향으로 저울이 너무 기울어져서 그 이미지에 휘둘리는 것은 아닐까요?

예를 들어 친구는 많아야 좋다는 분위기가 존재하는데 저는 그런 풍조는 위험하다고 생각합니다. 친구의 '수'를 의식하게 된 것은 인터넷의 영향입니다. SNS를 통해 연결된 관계에 '친구'라는 이름이 붙고, '친구 숫자'가 분명한 숫자로 눈에 보이게 되었습니다. 그 숫자가 클수록 대단하다고 추켜세웁니다.

하지만 친구 숫자가 많다고 대인관계가 좋은 것은 아닙니다. 신청해서 승인받으면 친구가 된다니, 현실에서는 있을 수 없는 일이죠. 차단 버튼만 누르면 일방적으로 관계를 끊을 수 있다는 점도 현실과는 다릅니다.

때로는 진짜 이름도 모르고, 실제로 어떤 사람인지도 모르는 상대와 친구가 되기도 합니다. 나이와 성별을 속인 사람과 '친구'가 되어 아동과 청소년이 위험에 처하기도 합니다. SNS는 '친구의 친구'를 우리에게 '친구 후보'로 추천합니다.

'친구의 친구'는 친구일까요?

설마요, 그렇지 않습니다.

'친구의 친구'는 타인입니다.

듣기 좋은 말에 넘어가서는 안 됩니다.

정말로 많은 사람이 호감을 느끼고 사랑해주는 사람은 자신이 얼마나 친구가 많은지 숫자를 세거나 주변에 뽐내지 않을 것입니다. 중요한 것은 친구 숫자가 아닙니다. 친구들과 얼마나 좋은 관계를 맺고 있는가입니다.

단짝, 절친 또는 베프(best friend)라는 말에도 너무 큰 가치를 두게 된 것 같습니다. 이것은 아주 신중하게 써야

하는 말입니다.

단짝의 기준을 물어보면 쉽게 대답하기 어려울 것입니다. 단짝이 무엇인지 잘 모르면서도 '단짝은 좋은 것, 멋진 것'이라고 생각하는 사람이 많아서, 단짝이 없는 사람은 소중한 경험을 이야기할 상대가 없는 사람, 성공적인 인간관계를 맺지 못한 사람으로 여기기도 합니다.

'단짝이라고 생각했는데 배신당했다'는 말도 흔히 합니다. 괜히 여러 친구 중 한 명만 특별한 친구로 여겨 마음이 어긋났을 때 더 깊이 상처받고 용서할 수 없는 게 아닐까요? 처음부터 특정인을 단짝으로 여기지 않는 편이 행복할 수도 있습니다.

단짝이 꼭 있어야 한다는 믿음이 나에게 이롭지 않다면, 그것은 버려도 되는 고정관념입니다.

친구란 함께 있으면 즐겁고 기운이 나는 사람

친구라는 말을 둘러싼 막연한 이미지에 현혹되지 않길 바랍니다.

친구는 많을수록 좋다는 고정관념이 생기면 친구 많은 사람을 부러워하게 되고, 친구가 적은 것을 부끄럽게 여기게 됩니다. 나아가 친구가 없으면 비참하다, 친구가 없다는 사실을 남들에게 들키고 싶지 않다고 생각하게 될지도 모릅니다. 그러면 친구가 없는 상태, 혼자 남겨지는 것을 두려워하게 됩니다.

이런 이유로 그다지 사이가 좋지 않은 친구라도 없는 것보다는 낫다고 여겨 억지로 연결되려고 하는 게 아닐까요?

친구 관계에 불안을 느끼며 집착하는 사람을 저는 '친구 분리 불안'에 빠졌다고 표현합니다. 이런 사람은,

'연결되어 있지 않으면 불안해.'

'미움받고 싶지 않아.'

'외톨이가 되기 싫어.'

라는 생각에서 벗어나지 못합니다.

그래서 혼자 있지 않으려고 하고, SNS를 자주 확인하죠. 친구 무리에 속하기 위해, 그들이 무엇을 하든 어디에 가든 함께 행동합니다.

하지만 과연 그런 것을 즐거운 친구 관계라고 할 수 있

을까요? '친구는 없으면 안 돼' '친구가 없으면 난 아무것도 아니야' 같은 강박관념에 사로잡혀서 친구 관계의 본래 의미를 잊어버린 게 아닐까요?

'친구란 함께 있으면 즐거워서 웃음이 나고 기운도 나는 존재.' 이것으로 충분하지 않나요? 마음 편하게, 단순하게, 친구를 이렇게 정의해 보세요.

함께 있을 때 순수하게 즐겁다는 생각이 들지 않는 상대라면, 마음 편히 웃을 수 없는 사이라면, 내 안의 활력을 메마르게 하는 사이라면 그런 관계는 친구가 아닙니다. 억지로 계속 친구로 지낼 필요가 없습니다.

이 말이 곧 그 사람과 인연을 끊고 절교하라는 뜻은 아닙니다. 앞서 친구를 2단계로 생각해 보자고 제안했습니다.

1단계, 마음이 맞는 친구와 깊이 사귄다.

2단계, 친구가 될 수 없을 것 같은 상대와도 원만하게 지낸다.

마음이 맞는 친구가 될 수는 없지만 '아는 사이 이상, 친구 미만' 정도의 적당한 거리감을 유지하며 필요한 만큼만 소통하면서 지낼 수도 있습니다. 내가 얼마나 마음을 줄 것인지 정하고 나면, 꼭 친구가 되어야 한다는 강박 관념에 사로잡혀 있을 때보다 훨씬 부담 없이 그 사람과 지낼 수 있게 될 것입니다.

마음이 맞지 않는 사람과도 잘 지내는 힘

마음이 맞는 친구를 만드는 힘과 마음이 맞지 않는 상대와 잘 지내는 힘 중 더 중요한 것은 '마음이 맞지 않는 상대와 잘 지내는 힘'입니다. 학교생활을 통해 꼭 익혀야 할 능력입니다.

우리 모두 교육받을 권리가 있습니다. 어른이 되었을 때 강하고 현명하게 살아갈 힘을 기르려고 교육을 받습니다. 공부는 교과서로만 하는 것이 아닙니다. 타인과 잘 지낼 수 있는 힘 역시 우리에게 필요한 '살아가는 힘' 중 하나입니다.

다른 사람과 좋은 관계를 맺으며 서로 도울 수 있다면 삶은 훨씬 편해질 것입니다. 다양한 사람과 만나고 여러 상황을 겪으면서 타인과 잘 지내는 연습을 거듭해야 합니다. 좋아하지 않는 사람과도 충돌하지 않고 상처를 주고받는 일 없이 원만하게 지내면서, 필요할 때 협력할 수 있도록 연습하는 것, 학교는 학생을 보호하는 각종 안전망 속에서 마음껏 그런 연습을 해볼 수 있는 장소입니다.

학교는 사람에게 익숙해지는 연습을 하는 곳입니다. 더불어 타인과 적당한 거리를 두는 법을 배우고 인간관계 전반을 공부할 수 있는 곳입니다.

학년이 올라가면 왜 반을 바꿀까요? 환경이 바뀔 때 어떻게 해야 새로운 환경에 적응할 수 있고, 어떻게 새로운 친구를 만들 수 있는지 연습하기 위해서입니다. 반이 바뀌면 학생들은 굳어진 인간관계를 새롭게 만들어갈 기회를 얻게 됩니다. 인간관계의 미묘한 양상을 충분히 경험하기 위한 '작은 사회'가 바로 학교입니다.

어째서 제가 '누구하고나 원만한 관계를 쌓는 것'을 강조할까요?

저 자신이 젊었을 때 뼈아픈 실패를 경험했기 때문입니다. 저는 친구 복이 많았던 덕분에 고등학교를 졸업할 때까지 친구 문제로 고민한 적이 없었습니다. 식구가 많아 사람의 왕래가 잦은 활기 넘치는 환경에서 늘 많은 사람에게 둘러싸여 지냈습니다.

하지만 대학 입시에 실패하고 재수생으로 도쿄에서 자

취를 시작했을 때, 급격한 환경 변화로 감정 조절에 어려움을 겪으며 신경질적인 상태가 되었습니다. 그때 잘못된 습성이 생겼습니다. 대학에 들어간 후 심한 말로 남을 비난하거나 윽박지르는 사람이 되었습니다. 눈치 보지 말고 생각한 것을 거침없이 말하는 것이 옳다고 굳게 믿었습니다.

나는 옳은 말을 했을 뿐, 전혀 잘못하지 않았다고 생각했습니다. 오히려 진정성 있게 상대를 대한다고 믿었죠.

그 결과, 어떻게 되었을까요?

주위에서 사람들이 멀어져 갔습니다. 모두가 모일 때에도 저를 부르지 않게 되었습니다. 점점 더 고립되었고, 누구도 내 곁에 오지 않는 시간이 길어졌습니다.

당시 저는 상대에게 불쾌감을 주지 않는 것이 예의라는 의식이 없었습니다. 솔직한 의견을 말하더라도 상처 주지 않는 방식으로 배려했다면 좋았을 텐데 그렇게 하지 못했습니다. 사람과 잘 지내는 능력이 부족했던 탓에 고통스러운 20대를 보냈습니다.

인간관계를 맺을 때, 타인의 감정을 잘 파악해서 배려하는 것이 무엇보다도 중요합니다. 미리 연습하지 않으면 그 대가는 자신에게 돌아와서 괴로움을 맛보게 됩니다.

다시 만나고 싶고, 더 이야기하고 싶은 사람이 되려면?

사람은 왜 타인과 이어져 있으려고 하는 것일까요? 인간관계를 간단하게 생각하면 결국 핵심은 이 사람과 더 이야기하고 싶은가, 더 함께 있고 싶은가입니다.

그러기 위해서는 설령 나와 맞지 않는 사람이라 해도 으르렁거리지 말고 잘 지내는 것이 가장 중요합니다. 특히 어른이 되어 업무상 만난 사람에게 의견이 다르다고 윽박질렀다면 그 사람과는 그 순간 바로 '안녕'입니다. 이 사람과 함께 일하고 싶다는 마음도 당연히 생기지 않을 것이고, 다른 거래처에 소개해 주고 싶지도 않을 것입니다.

어른이 되었을 때 필요한 대인관계 능력은 사이좋은 친구를 많이 만들 수 있는 능력이 아니라, 다양한 사람들 속에서 누구하고나 잘 지낼 수 있는 능력입니다.

타인과 원만하게 지낼 수 있는 능력은 평생 필요합니다. 직장에서 일하는 것도, 누군가와 사랑에 빠지는 것도, 가족을 만드는 일도 모두 타인과의 관계로 이루어집니다. 타인과 잘 지내는 능력은 어떤 일을 하든, 또 어떤 삶을 살아가든 꼭 필요합니다. 친구 관계도 마찬가지입니다. 상대에게 '또 이야기하고 싶다'는 느낌을 주는 것이 중요합니다.

그렇지 못하면 관계가 이어지지 않습니다. 속 깊은 이야기를 나누고 고민을 털어놓는 것은 그다음의 일입니다. '또 만나고 싶다' '좀 더 이야기하고 싶다'에서 관계가 진전됩니다. 단짝 친구를 만드는 일은 급하지도 않고 필수적이지 않습니다. 중요한 것은 누구와도 원만하게 사귀는 힘입니다. 여러분이 너무 늦지 않은 시기에 이 사실을 이해하길 바랍니다.

친구는 날것의 나를 전부 드러내면서 사귀는 것이 아닙니다. 서로 못 볼 꼴 보여준다고 진정한 친구가 되지는 않습니다. '어떻게 하면 나와 함께 있고 싶어 할까?'를 생각하고, 함께 있고 싶은 사람이 되려고 노력하는 것이 중요합니다.

우정은 움직이는 것

친구 관계는 상당히 유동적입니다. 환경과 상황이 바뀌면 친구와의 관계도 바뀝니다.

"반이 바뀌어도 우리는 계속 친구야."

이렇게 다짐해도 새 학기가 시작되면, 이전 친구와 지내는 시간은 점점 줄어듭니다. 서로 다른 상급학교로 진학하면 얼굴도 보기 힘들어지죠.

저마다 자신이 처한 환경 안에서 새로운 친구를 만드는 것은 자연스러운 일입니다. 그때그때 상황에 따라 친구가 바뀌어도 괜찮습니다.

제게는 중학교 시절에는 별로 친하지 않았는데 어른이 되어 만났더니 죽이 잘 맞아서 자주 보게 된 친구가 있습니다. 어른이 되면 어떤 일을 하는지, 혼자 사는지 아니면 결혼했는지 등도 가까운 친구가 되는 데 영향을 미칩니다.

중고등학교 시절에는 현재가 영원할 것처럼 지금 내게 무엇이 중요한가에 관심이 집중되지만, 친구 관계는 지금 보이는 것이 전부가 아닙니다. 친구들과 잘 지내지 못해 괴롭더라도, 친구가 좀처럼 생기지 않아 고민이라도, 현재 상태가 미래에도 지속되지는 않는다는 점을 마음에 새겨두길 바랍니다.

예를 들어 좁은 인간관계 속에서 심술을 부리거나 누군가를 따돌리는 일은 중학생 때 가장 많이 발생하고, 고등학생만 되어도 크게 줄어듭니다. 대학생이 되면 수강 과

목도 각자 다르니 늘 같은 구성원이 교실에서 생활하는 고정된 관계에서 비교적 자유로워집니다. 다양한 사람들 속에서 생활하게 되죠. 이처럼 환경이 바뀔 때가 새롭게 인간관계를 맺을 기회입니다.

그런데 친구 관계에서 상처받은 경험이 있는 사람은 '남에게 맞추는 건 힘들어', '또 좌절을 맛보게 되는 건 아닐까?'라는 불안감이 강해서 새로운 대상에게도 잘 다가가지 못하는 경우가 있습니다. 대인관계에 자신감이 낮아져서죠. 자신감 부족이 부정적인 상황을 불러와 또 같은 경험을 반복하게 되기도 합니다. 사람을 잘 못 사귄다고 스스로를 단정하지 마세요. 운이 나빠 인간관계에서 상처를 입었습니다. 그런데 그 상처 때문에 다른 사람에게 마음을 못 열게 되면, 상처는 내 성격이 되어 버립니다.

자신감을 가지려면 어떻게 해야 할까요? 제가 추천하는 방법은 '좋아하는 것에 푹 빠진다'입니다.

자신감을 얻고 싶다면 '좋아하는 마음'을 키우자

'좋아하는 것에 푹 빠지는 일'이 어떻게 자신감으로 연결되고 인간관계에 도움이 될까요? 좋아하는 것에 열중하고 있으면 혼자 있어도 외롭지 않습니다.

친구와의 관계로 고민인 사람도 정신을 놓고 푹 빠질만한 것이 있다면 그 시간만큼은 만족감을 느끼며 즐겁게보낼 수 있습니다. 불안이나 외로움을 느낄 겨를이 없습니다.

'친구 분리 불안'에 걸리기 쉬운 사람은 열중할 것이 없거나 아직 발견하지 못한 사람인 경우가 많습니다. 청소년기의 과제는 불안해지지 않는 방법을 찾는 것입니다. 지금 기분이어떻든, 시작하면 금세 푹 빠질 수 있는 대상을 찾아봅시다.

마음에 드는 만화를 발견했다면 같은 작가가 그린 다른만화를 샅샅이 찾아 읽어 보는 것도 좋습니다. 어떤 노래가 좋았다면 그 음악가의 곡을 하나씩 들어 보면 됩니다. 자신의 감성을 파고들어 '좋아' '마음에 들어'라는 느낌을준 포인트가 무엇인지 깊이 파고듭니다.

그러면 '이 음악가의 곡을 노래한 가수의 다른 곡도 들어 보니 좋았다' '이 작가의 영향을 받은 다른 작가의 책도 읽어 볼까?' 이렇게 점점 더 내 안의 세계가 넓어질 것입니다.

무언가에 푹 빠지면 그것에 대해 더 보고 싶다, 듣고 싶다, 알고 싶다는 흥미가 샘솟아서 시간이 모자랍니다. 그래서 혼자 있어도 외롭지 않다, 아무 문제가 없다고 느낍니다. '나'라는 존재를 확립하기 위한 중요한 첫걸음입니다.

혼자 있는 시간을 즐기는 힘, 혼자 있어도 잘 지낼 수 있는 힘이 생긴다.

→ 자아존중감이 자라난다.

→ 자신감이 생긴다.

처음에는 좋아하는 마음이 없어도 괜찮습니다. 예전부터 막연히 해보고 싶었던 일에 도전해 봅니다. 뚜렷한 관심사가 없다면 먼저 공부에 집중해 보는 것도 좋습니다. 열심히 공부해서 성적이 오른 경험을 통해 자신을 긍정할 수 있게 된 사람이 꽤 많으니까요.

내 에너지와 시간을 친구가 아닌 다른 분야에 투자합니다. 나 자신을 발전시키는 방향으로 에너지를 돌립니다. 그런 시간을 보내면 자기 안에서 자립심과 자신감이 싹트기 시작합니다.

뭔가를 좋아하고, 그것을 통해 내면에 나만의 세계를 만들어나가면, 친구 관계에 지나치게 의존하지 않게 됩니다.

내면에 확고하게 자리 잡은 나만의 세계는 타인과 관계를 맺을 때 불안해하거나 휘둘리지 않고 균형을 잡게 해주는 지지대 역할을 합니다.

평생 나를 지탱할 세 가지 관계의 기술

10대에 익혀야 할 관계의 기술을 정리하면 다음과 같습니다. 이 세 가지 힘을 갈고닦으면 친구 관계로 고민하는 일은 점차 사라질 것입니다.

첫째, 마음이 맞는 친구를 만드는 힘

둘째, 마음이 맞지 않는 상대와도 잘 지내는 힘

셋째, 혼자 있는 것을 즐기는 힘

서로 마음이 통하는 상대와 별로 맞지 않는 상대를 구분하지 않고 모두 똑같은 친구로 관계를 맺으려고 하니까 고민이 생기고 괴로운 것입니다. 모두와 친구가 되지 않아도 된다고 생각하면 억지로 노력하고 애쓸 필요가 없습니다.

　그럼 친구와 그 이외의 사람은 어떤 기준으로 가를 수 있을까요? 바로 함께 있으면 즐거워서 웃음이 나고 기운이 나는 존재인가를 기준으로 삼으면 됩니다. 자주 보지 못해도, 속 깊은 이야기를 나누지 않아도 함께 있을 때 즐거워서 웃음이 나온다면 친구라고 생각해도 좋습니다.

　친구가 아니라도 누구와도 잘 지내자는 말은 명랑하게 지내자는 의미이기도 합니다.

　'감정의 좋고 나쁨에 좌우되지 말고 늘 밝고 온화한 태도로 타인을 대한다.'

　이것이 제가 생각하는 명랑함입니다. 명랑하게 타인과 사귀다 보면 '아는 사이 이상, 친구 미만'이었던 사람과 친구 관계로 발전할 계기가 생기기도 합니다.

　'마음이 맞는 친구를 만드는 것'과 '마음이 맞지 않는 사람과도 잘 지내는 것'은 동떨어진 별개의 일이 아니라 서로 통하는 셈입니다. 어떤 계기가 있으면 친구가 되고, 그렇지 않으면 부딪힐 일 없이 원만하게 지내면 됩니다.

하지만 이 두 가지 관계의 기술만으로는 부족합니다. 나 자신과의 관계가 무엇보다도 중요합니다. 자신의 세계를 만들고 자아를 긍정하며 혼자 있는 것을 즐길 줄 아는 힘이 있어야 남에게 의존하지 않고 주체적인 관계를 유지할 수 있습니다.

세 가지 관계의 끈을 잘 엮어 밧줄로 만들면 각각의 끈들은 튼튼하게 서로를 지지할 것입니다. 내 마음 역시 단단히 제자리를 잡아 불안감이 사라질 것입니다.

이 세 가지 힘을 발판 삼아 내면의 힘을 키워나갑시다!

제2장

마음이 맞는 친구를 사귀는 방법

'좋아하는 마음'에서 확장되는 세계를 소중히 여기자

'친구가 생기지 않아.'

'친구를 어떻게 사귀어야 할지 모르겠어.'

이런 고민을 안은 사람들에게 '좋아하는 것'을 통해 친구를 만드는 방법을 권합니다.

여러분은 어떤 것을 좋아하나요? 취미라고 할 만한 것은 없더라도 일상생활 속에서 '이거 좋은데!'라는 느낌을 받은 것들이 있을 거예요. 좋아하는 동물, 좋아하는 과자, 자주 보는 유튜브 채널…… 뭐든 좋습니다.

평소 다른 사람과 대화하는 것을 힘들어하는 사람도 좋아하는 것에 대해서라면 즐겁게 이야기할 수 있습니다. 어떤 만화를 좋아한다면 그 만화를 좋아하는 사람을 만났을 때 가장 좋아하는 캐릭터가 누구인지, 특히 좋아하는 장면은 무엇인지 말하느라 이야기가 끊이지 않을 것입니다. 같은 것을 좋아하면 신나서 얘기하게 됩니다.

좋아하는 것에 대한 화제로 서로 공감하면 대화가 활기를 띱니다. 타인과 함께 있을 때 가장 즐겁고 행복한 시간이 바로 그런 순간입니다.

저는 '좋아하는 것을 신나게 얘기하는 것이 친구 관계의 기본'

이라고 생각합니다.

좋아하는 것을 화제로 신나게 이야기할 수 있는 상대는 그것만으로 충분히 친구의 조건을 갖추고 있다고 볼 수 있습니다. 이것이 바로 친구의 조건, '함께 있어서 즐겁고, 서로 공감할 수 있다'입니다. 그러니 여러분의 '좋아하는 마음'을 소중히 여기길 바랍니다.

친구가 될 수 있는 계기는 쉽게 찾을 수 있습니다.

가방에 달고 있는 마스코트 인형을 보고 "이거 좋아해? 나도야!"라고 말을 걸어 금방 마음을 열게 되기도 합니다.

좋아하는 것이 같다는 것은 친구를 사귀는 좋은 계기가 됩니다. 소중히 여기는 것, 즐겨 하는 것이 같다면 속을 터놓기까지 걸리는 시간이 짧아집니다. 마음도 잘 맞을 것입니다.

제가 중고등학교, 대학교를 거쳐 대학원 때까지 계속 함께 보낸 친구와 친해지게 된 계기는 시 한 편이었습니다. 중학교 시절, 국어 수업 시간에 두 사람이 한 조가 되어 한 시인의 작품 중 마음에 드는 한 편을 골라 조사하고 발표하는 기회가 있었습니다.

제가 마음에 딱 드는 시를 골랐는데, 마침 그 친구도 똑같은 시를 골랐습니다. 우리는 같은 시를 좋아한다는 공통점 덕분에 한 조가 되기로 했습니다. 둘이 함께 그 시인의 일생과 작품의 배경을 조사하며 과제를 하는 시간이 너무나 즐거웠습니다.

이 일이 계기가 되어 중간고사나 기말고사가 가까워지면 함께 공부하게 되었습니다. 입시 스트레스도 함께 공부하면서 이겨냈습니다.

중학생 시절 처음 그 친구를 사귈 때는 우리 관계가 대학원을 졸업할 때까지 이어질 줄은 생각도 하지 못했습니다. 이제 그 친구는 말 그대로 제 동지, 맹우(盟友, 장래에 대해 함께 맹세한 친구)입니다.

좋아하는 마음 중 어떤 것이 일치해서 친구가 될지는 알 수 없습니다. 계기는 어디서나 찾을 수 있습니다.

좋아하는 것을 사이에 둔 '삼각관계'

좋아하는 것으로 이어진 친구는 어떤 점에서 좋을까요? 첫 번째는 공감하기 쉽다는 점입니다. 내가 좋아하는 것을 상대도 좋아한다는 것을 알게 되면 친근감이 샘솟습니다. 5분만 이야기해도 거리감이 대번에 줄어듭니다.

다른 하나는 상대의 인격 그 자체를 정면에서 직시하지 않아도 된다는 점입니다. 공통의 관심사인 '어떤 것'을 중간에 두고 이야기하면 상대와 나 사이에 어떤 대상이 존재하는 '삼각관계'가 됩니다.

두 사람의 관심 방향이 그 '어떤 것'을 향하고 있으므로 서로의 인격을 직접 대면하지 않아도 소통이 원활합니다.

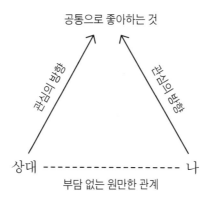

좋아하는 것에 대해 주로 이야기를 나누다 보면 설령 서로 잘 맞지 않는 부분이 있더라도 서로의 인격을 문제 삼아 상처를 주고받을 일은 없습니다.

서로 부담을 느끼지 않는 행복한 거리감을 유지하기 쉽죠. 친구와의 사귐을 서로의 인격, 인간성과 직접 마주하는 것으로 여기면 너무 부담스럽습니다.

사람은 다면적인 개성과 성격을 지닙니다. 그런 사람끼리 인격 대 인격으로 마주하면 당연히 부딪칠 일들이 생기게 마련이고 참기 힘든 경험을 하게 될 수도 있습니다.

인간관계가 잘 풀리지 않는 원인은 대체로 인격끼리의 충돌에 있습니다. 의도적으로 삼각관계를 만들면 그런 일을 피할 수 있습니다. 공통점을 발견해서 그것을 사이에 두고 삼각관계를 만드는 것이 현명합니다. 친구를 사귈 때뿐 아니라 인간관계 전반에 대해서도 마찬가지입니다.

공감하는 것이 중요하다면 둘 사이에 공통으로 '싫어하는 것'을 두어도 똑같지 않냐고 말하는 사람도 보았습니다. 하지만 싫어하는 것으로 공감하면 험담을 하게 됩니다. 험담으로 의기투합하고 흥이 오르는 관계는 좋은 관계로 발전할 수 없습니다.

삼각형 가운데에는 좋아하는 일을 둡시다.

'편애 지도'로 좋아하는 것을 시각화하자

좋아하는 마음 주변에는 많은 친구 후보가 있습니다. 좋아하는 것이 많으면 그만큼 많은 사람과 즐겁게 얘기할 수 있는 기회가 늘어나고, 마음이 맞는 친구도 생기기 쉽다는 의미입니다.

좋아하는 것이 몇 가지나 떠오르나요? 서너 개 정도는 누구든 쉽게 대답할 수 있습니다. 하지만, "좀 더 말해봐. 되도록 많이, 구체적으로!" 이렇게 주문하면 말문이 막히죠. 그래서 자신이 좋아하는 것을 있는 대로 다 써 보는 '편애 지도'라는 방법을 생각해냈습니다. 좋아하는 것을 글자로 써서 시각화하는 것입니다.

'편애(치우치게 사랑한다)'라고 할 만큼 '아주 좋아하는 것' '좋아서 미칠 것 같은 것'을 적어갑니다. 지금 좋아하는 것뿐 아니라 예전에 푹 빠져 있던 것도 써넣습니다.

쓰는 법은 자유입니다. 번호를 매겨도 좋고, 분야별로 써도 좋습니다. 최대한 구체적으로 적어야 재미있습니다.

책이나 애니메이션이라면 제목뿐 아니라 작가와 좋아하는 등장인물 이름도 적습니다. 유명한 대사나 가슴에 와닿는 말도 좋아요.

대학생 때 작성한 편애 지도 사례

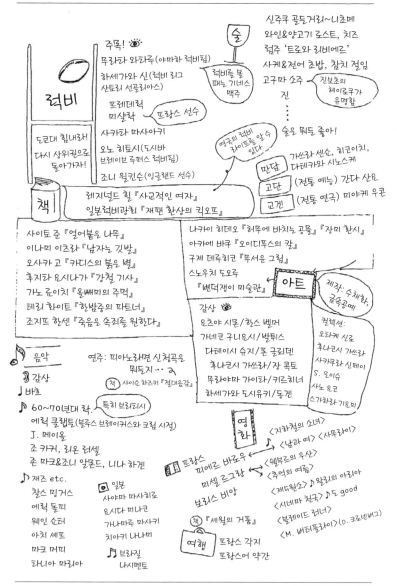

출처 : 『편애 지도, 놀랄 정도로 인간관계가 잘 풀리게 되는 책』(사이토 다카시 저)

깨끗하게 적지 않아도 됩니다. 일단 머릿속에 있는 것을 떠오르는 대로 전부 끄집어내서 적습니다.

저는 수업이나 연수에서 참가자들에게 편애 지도를 만들어 보게 합니다. 쓰는 동안 자신의 편애에 어떤 경향이 있는지, 처음 시작하게 된 계기가 무엇인지 깨닫게 되어 흥미로웠다고 말하는 사람도 있었습니다.

나중에 생각나는 것들을 계속 편애 지도에 추가해도 됩니다.

"한 장에 다 적을 수 없었어요."

종이를 몇 장씩 덧붙여 거대한 편애 지도를 만들어 온 사람도 있었습니다.

좋아하는 것에 주목하면 대하기 어려운 사람은 없다

저는 수업이나 연수에서 수강생들을 2인 1조로 짜서 조원끼리 서로 편애 지도를 보여주게 한 후 그것을 기반으로 '좋아하는 것에 대해 이야기하는 시간'을 갖게 합니다. 좋아하는 것에서 공통점을 찾은 두 사람은 금세 열띤 대화에 빠져듭니다. 공통으로 좋아하는 것이 없는 경우에도 자기가 좋아하는 것을 이야기할 수 있으니 모두 신이 나서 말합니다. 웃음이 끊이지 않습니다.

10분이 지나면 조를 뒤섞어서 다른 구성원끼리 '좋아하는 것에 대해 이야기하는 시간'을 갖습니다. 이런 식으로 여러 번 조를 바꾸어서 반복합니다.

이 수업이 끝날 때쯤에는 강의실이 화기애애한 분위기로 가득 차고 참가자들 사이에 있던 마음의 거리가 눈에 띄게 줄어든 것을 피부로 느낍니다.

기업체 연수에서 실시했을 때는 다음과 같은 감회를 들었습니다.

"무서워서 대하기 힘들었던 상사에게 이런 면도 있다는 것을 알게 되니 친근감이 느껴졌습니다. 어려운 사람이라는 마음이 눈 녹듯 사라졌습니다. 앞으로는 겁먹지 않고 당당하게 보고하고 이야기할 수 있을 것 같습니다."

"지금까지는 단순히 직장 동료라고만 생각했는데 공통의 취미가 있다는 것을 알고 나서 의기투합했습니다. 오늘부터는 동료이자 친구입니다."

첫째, 좋아하는 것을 통해 만남이 늘어난다.

둘째, 마음이 서로 통하는 기쁨을 맛볼 수 있다.

셋째, 대하기 힘든 사람이 줄어들어 즐거운 인간관계를 쌓을 수 있다.

편애 지도에는 이와 같은 장점이 있습니다. 처음으로 얼굴을 마주하는 사람과도 화제가 떨어지지 않습니다. 짧은 시간 안에 상대와의 거리가 줄어듭니다. 말이 안 통할 것 같고, 대하기 어려워 보이는 상대라도 무엇을 좋아하는지 알게 되면 막연한 선입견 때문에 멀리하지 않게 되는 이점도 있습니다. 설령 싫어하는 사람이라도 그 사람이 좋아하는 것을 알게 되면 커뮤니케이션이 쉬워집니다.

자신이 좋아하는 것에서 공통점을 찾기 어려울 때는, 상대가 좋아하는 것을 화제로 삼으면 대화를 부드럽게 이어갈 수 있습니다. 새 학교에 입학했거나 해가 바뀌어 새로운 반 친구들을 만났을 때 편애 지도를 만들어 공유하면 친구도 쉽게 생기고 서로에 대한 친근감도 순식간에 커질 것입니다. 꼭 시각화하거나 보여줄 필요는 없습니다. 머릿속에 생각해서 대화로 연결시키면 됩니다.

"좋아하는 것을 연결 고리로
사람을 사귀면,
누구와도 원만하게
지낼 수 있고,
마음이 맞는 친구를 얻을
가능성도 커집니다."

다만 주의할 점이 하나 있습니다.

상대가 좋아하는 것을 부정하지 말고 즐길 것!

나의 '좋아함'이 다른 사람의 '좋아함'과 이어지는 즐거움을 꼭 맛보길 바랍니다.

함께 어울리는 무리가 아니라 함께 좋아하는 모임

특정 무리에 소속되면 구성원 모두와 사이좋게 지내고 싶습니다. 누구나 일반적으로 느끼는 감정입니다. 그 무리가 서로 좋아하는 것을 통해 연결된다면 하루하루가 매우 즐거울 것입니다.

좋아하는 것을 사이에 두고 삼각관계가 되어 서로를 조금씩 알아가면 점차 친밀해집니다. 서로 더 잘 이해하게 되고, 서로 좋은 자극을 줄 수 있습니다. 그러면서 가까운 친구가 될 수도 있습니다.

하지만 각자 좋아하는 것이 완전히 일치할 수는 없으니 자신이 속한 무리의 사람들과 늘 함께한다면 답답해집니다.

특정 무리에 속한 사람들하고만 친하게 지내고 그 밖의 사람들과 별로 교류하지 않는 상황은 환기가 잘되지 않는 실내에만 머무르는 것과 같습니다. 점점 공기가 탁해지고 산소 농도가 줄어듭니다. 바람이 잘 통하게 하려면 저마다의 개별적인 취향을 존중해야 합니다.

"오늘은 피아노 레슨이 있으니까 그만 갈게. 내일 보자."

"나는 지금부터 동아리 활동이 있어. 안녕."

각자가 소중하게 생각하는 또 다른 좋아하는 일을 위해 수시로 무리를 빠져나가는 것은 아주 자연스러운 일입니다.

좋아하는 것, 목표로 하는 것이 같아서 연결된 무리는 그 부분을 통한 연대감이 있으므로 늘 함께 어울리지 않아도 불안하지 않습니다. 하지만 별 계기 없이 모여 만든 무리는 삼각형의 한쪽 꼭짓점에 놓을 '대상'을 공유하고 있지 않습니다.

좋아하는 것을 통해 마음이 서로 연결되는 기쁨이 없으면 늘 함께 있음으로써 결속을 느끼고 싶어집니다. 각자의 개성과 개성이 직접 부딪히므로 행동을 함께하지 않는 사람이 있으면 비난하거나 배제하면서 공격성을 드러내게 됩니다. 이런 무리에서 흔히 한 사람을 공격하거나 괴롭히는 것도 그렇게 하면 결속감을 느끼기 쉽기 때문입니다. 그런 친구 관계는 숨이 막히게 합니다. 즐겁지 않습니다.

그저 모여서 어울리기만 하는 친구라면 없어도 된다고 저는 생각합니다. 지금까지 친하게 지냈던 무리와 공유할 게 별로 없어 점차 멀어졌다 해도 괜찮습니다. 그저 자연스러운 과정입니다.

늘 함께 있어야 친구는 아닙니다. 같은 것을 좋아하는 동지를 찾아봅시다. 마음 편히 즐겁게 시간을 보낼 수 있을 것입니다.

"A하고는 음악 취향이 같아서 말이 잘 통해."

"B와는 좋아하는 작가와 책에 대해 얘기할 수 있어."

"스포츠는 C랑 얘기할 때 신나지."

"D는 나처럼 고양이를 좋아해."

"E는 역사 지식이 많아서 즐겁게 역사 얘기를 나눌 수 있어."

이렇게 좋아하는 것마다 즐겁고 깊은 이야기를 나눌 수 있는 상대를 곳곳에서 찾아보세요. 친구의 폭이 넓어질 것입니다. 좋아하는 것에 대해 신나게 이야기할 수 있는 상대는 호기심을 자극하고 내가 좋아하는 세계를 더욱 깊이 있고 폭넓게 만들어 줍니다.

같은 목표를 추구하는 모임도 좋습니다. 목표가 있으면 그에 대해 이야기하면서 서로 격려할 수 있어 역시 부담 없는 삼각관계가 됩니다.

목표가 있는 사람은 의식과 에너지가 목표를 향하고 있으니 언제나 친구랑 연결되어 있어야 한다고 느끼지 않습니다. 그렇기에 바람이 잘 통하는(서로 의존하며 바깥으로 난 창을 닫아 버리지 않는) 친구 관계가 만들어집니다.

같은 것을 좋아하는 사람들의 모임, 동아리

친구가 생기지 않아 외로운 사람은 클럽이나 동아리에 참여하는 것도 좋습니다. 처음 시도하는 일이더라도 한번 해보고 싶다는 생각 자체가 이미 같은 것을 지향하고 있으므로 그 안에서 친구를 사귈 기회는 충분할 것입니다.

• 하고 싶은 일, 좋아하는 것이 같다.

- 함께 지내는 시간이 길다(합숙 훈련을 하거나 1박 2일 여행을 가서 함께 생활하는 경험을 해보기도 한다).
- 발표회나 콩쿠르, 대회 등 같은 목표를 추구한다.
- 연습하며 느끼는 어려움과 힘듦을 공유한다.

이렇듯 같은 동아리에 소속된 사람끼리는 공통점이 많습니다. 좋아하는 것을 같이 하며, 목표까지 공유하니 함께하는 경험이 계속 쌓입니다. 친밀한 관계가 되지 않을 수 없죠. 클럽이나 동아리 활동을 함께 하며 시간을 보냈던 사람은 소중한 '동료'가 됩니다.

중고등학교 시절 저는 테니스부 활동을 했습니다. 처음 가입할 때는 신입이 30~40명 정도 있었습니다. 다른 운동부도 마찬가지겠지만, 신입 부원은 첫 3개월 동안은 고된 기초훈련을 반복합니다. 그러는 사이 점점 인원이 줄어들어 3개월 후에는 10명 남짓만 남게 됩니다.

그제야 비로소 코트에서 공을 치는 연습을 할 수 있습니다. 그때까지가 가장 인내심이 요구되는 기간입니다. 엄격한 기초훈련 시기를 버티며 고난을 함께 헤쳐 온 동기들과는 어느덧 가까운 동료가 됩니다. 이처럼 함께 경험을 쌓으며 동료가 됩니다. 고된 경험과 보람을 함께 겪으며 연대감을 키웁니다.

중고등학교 시절, 저는 반 친구들보다 동아리에서 함께 지내던 동료들과 더 가까웠습니다. 졸업하고 수십 년이 지난 지금까지도 함께 싸웠던 동료라는 의식은 변하지 않았습니다.

공동의 목표를 위해 열심히 훈련하느라, 마음이 맞는지 안 맞는지는 별로 신경 쓰지도 않았습니다. 동료와 친구는 조금 다릅니다. 동료끼리는 함께 뭔가를 성취하는 과정에서 특유의 연대감을 느낍니다. 힘을 합쳐 목표를 달성하며 어려움과 즐거움을 함께 나눈 동료가 훗날 긴 세월을 함께하는 친구가 되는 경우도 많습니다.

친구보다 동료

사람들은 친구 관계를 유지하기 위해 각자 다양한 노력을 기울입니다. 저는 친구보다 동료를 만드는 편이 더 좋을 때가 많다고 생각합니다.

어른이 되어 사회에서 살아가기 위해 필요한 것은 친구를 많이 만드는 능력이 아닙니다. 사회생활에 가장 필요한 것은 동료를 만들고 협력하는 힘, 그것을 바탕으로 현실을 더 좋게 만드는 힘입니다.

그러므로 세상을 살아갈 힘을 키우는 10대에 '동료는 무엇일까?' '어떻게 하면 동료가 생길까?'를 제대로 경험하는 것이 좋습니다. 목표를 달성하기 위해 함께 노력하고 협력한다면 곧 동료라고 할 수 있습니다. 친구가 별로 없어도 동료가 있다면 외롭지 않습니다.

학교와 청소년 관련 기관에는 다양한 모임이나 동아리가 있습니다. 저는 학생들에게 동아리에 가입하라고 권합니다.

"특별히 하고 싶은 것이 없다면 별로 어렵지 않을 것 같은 곳을 서너 군데 골라서 들어가 봐. 자기에게 뭐가 맞을지 모르니까."

동아리방에 가면 이야기할 사람이 있습니다. 다른 학교 학생이나 다른 학년과도 사귈 수 있습니다. 내 자리가 있고 내 역할이 있는 공간에서 동료들과 함께할 수 있습니다. 동아리에서 기술을 익히고 실력을 키우는 것보다 그

곳에 소속되어 다른 사람들과 연결되고 일원이 되는 것이 더 중요합니다.

맞지 않으면 그만두어도 됩니다. 시간 낭비가 아니라 다른 사람과 동료가 되는 좋은 연습을 한 것이니까요.

물론 어딘가에 소속되면 귀찮은 일도 생깁니다. 정기적으로 모임에 참가해야 하고, 회비도 내고, 번거로운 일을 떠맡게 되기도 합니다.

'난 어디 소속되어 얽매이는 게 싫어, 자유롭게 살고 싶어.'

이런 생각을 하는 사람도 있을 것입니다.

하지만 어딘가에 소속되고 연결되면 사회를 살아가기 쉬워집니다. 연결 고리가 끊어지면 사람은 점점 고립됩니다. 사회에서 살아가기 위해 어딘가에 소속되어 동료를 만드는 일은 매우 중요합니다.

동료가 있으면 든든하다

저는 서른 살이 넘을 때까지 일정한 직업이 없었습니다. 대학원까지 나왔지만 일할 곳이 전혀 없었습니다. 아내와 두 아이가 있었지만, 사회 어디에도 소속된 곳이 없다는 점이 너무나 외롭고 쓸쓸했습니다.

그런 저에게 단골 식당 주인이 이렇게 말했습니다.

"야구 해본 적 있어요? 할 줄 알면 같이 야구 할래요?"

저는 그 야구팀의 일원이 되어 투수를 맡았습니다. 우리는 같은 단체복을 입고 즐거운 나날을 보냈습니다. 직업이나 주소 같은 개인정보는 거의 몰랐지만, 함께 야구를 하며 웃을 수 있는 동료들이 생겼습니다.

깊이 사귀지 않아도, 가까운 관계가 아니어도 동료가 될 수 있습니다. 동료가 있으면 마음이 아주 든든합니다. 그렇게 이 세상에 내 자리를 하나 만들면서 마음이 상당히 편해졌습니다.

학교 밖으로 눈을 돌리자

10대에는 생활하는 세계가 학교와 집으로 한정되기 쉽습니다. 평소 만나는 사람도 친구, 선생님, 가족 정도입니다. 친구도 같은 반 친구 몇 명 정도인 경우가 흔하죠. 동성 친구만 있고, 이성과는 제대로 된 대화를 해본 적이 없는 경우도 많습니다.

늘 생활하는 공간에서만 사람을 사귀면 인간관계가 매우 협소해집니다. 주변에 있는 이들과 다른 배경의 사람과 사귀면 이 세상에는 다양한 사람들이 존재한다는 것을 알게 됩니다. 그렇게 되면 사람을 대하는 방식도 달라집니다. 다들 나와 비슷할 거라고 가정하지 않고, 다양한 가능성을 염두에 두고 사람을 대하게 되죠.

나와 배경이 다른 사람과 사귈 때 가장 중요한 것이 '경험의 공유'입니다. 뭔가를 함께 하며 동료가 되어 보는 것입니다. 예를 들어 검도나 유도, 합기도를 배우면 평소에는 만날 일이 없는 다양한 사람들과 함께 연습하게 됩니다.

저도 가라테나 태극권을 배운 적이 있습니다. 다양한 연령층의, 다양한 직업을 가진 사람들을 접할 수 있었습니다. 그런 사람들에게서 내가 몰랐던 세상을 배웁니다. 같은 도장에 소속된 문하생끼리는 아무리 나이 차이가 커도 동료입니다.

폭넓은 연령대의 다양한 사람들이 모여 있는 곳일수록 재미있습니다. 홍보물을 나눠주거나 질서 유지를 돕는 등 지역 축제에서 도움이 될 역할을 맡을 기회가 온다면 마다하지 마세요. 다양한 어른들과 교류하거나 같은 학교 친구가 아닌 또래와 접촉할 계기가 됩니다.

제가 가르치는 학생 중 하나는 지방 출신이라 도쿄에 아는 사람이 별로 없었는데, 축제에서 봉사활동을 하며 동료들을 얻었다고 말한 적이 있습니다. 인파에 휩쓸리며 장시간 봉사활동을 하느라 춥고 다리가 아팠다고 합니다. 이렇게 자기 몸을 통해 생생한 경험을 얻으면 마음에 깊게 남습니다. 혼자만 힘든 게 아니었으니까요. 당시에는 왜 이런 고생을 사서 하나 하는 생각도 들었겠지만, 동료들과 함께 뭔가를 해낸 만족감은 정말 크고 오래갑니다.

여름 캠프에 참가해 보는 것도 좋습니다. 낯선 사람과도 숙식을 함께하면 일체감을 느끼기 쉽습니다. 친구와 같이 가면 그 친구하고 붙어 다니게 되기 쉬우니 혼자 참가하는 것이 좋습니다.

'혼자' 새로운 경험에 뛰어들면, 더 많은 만남과 기회를 얻을 수 있습니다. 학교가 아닌 곳에서 열리는 행사나 체험활동에 과감하게 참가해 봅시다.

다양한 커뮤니티를 체험하고 다양한 동료를 알게 되면 분명 시야가 넓어집니다. '학교에서, 그것도 반에서만, 고정된 몇몇 친구들하고만 뭉쳐 지내는 세계는 내게 너무 작아!' 이런 마음으로 더 넓은 세계를 바라보세요.

마음이 맞는 친구는 어떻게 만날까?

'마음이 맞는다'는 것은 어떤 상태일까요? 곰곰이 생각해 봅시다. 간단히 말하면 이것은 두 가지 요소를 포함합니다.

첫째, 좋아하는 것이나 취향이 일치하거나 비슷하다.
둘째, 서로의 리듬에 맞춰 호응하고 공명한다.

서로의 리듬에 맞춰 공명하는 것은 어렵지 않습니다. 상대에게 맞추려고 노력하면 그때그때 맞장구치며 호응할 수 있습니다.

마음이 맞는다는 것은 사람과 사람 사이에 흐르는 감각이나 리듬이 딱 맞아떨어지는 것입니다. 이때 성격은 크게 상관없습니다. 다른 사람과 어떤 방식으로 잘 어울릴 수 있는가를 아는 감각이니까요.

이런 감각을 익히려면 먼저 다양한 사람을 접하면서 사람과의 거리감을 경험으로 느껴야 합니다. '사람에 익숙해지며' 거리감도 알게 됩니다. 다른 사람과의 거리감을 파악할 수 있게 되면 나와 마음이 맞는 사람과 그렇지 않은 사람을 구별할 수 있게 됩니다. 또한 필요한 만큼 거리를 두기 위해 그 사람을 어떻게 대해야 할지도 가늠할 수 있습니다.

늘 같은 사람하고만 만나면 사람 간의 거리감을 파악하기도 어렵고, 그 거리감이 어디서 비롯되는지도 알기 어렵습니다. 마음이 맞는 친구, 마음이 맞는 동료를 원한다면 좁고 깊게 사귀지 말고 넓고 얕게 다양한 사람과 어울려서 나와 맞는 사람을 알아볼 수 있는 능력을 키워야 합니다. 그러다 보면 정말 가까워지고 싶고 깊게 사귀고 싶은 상대를 반드시 만날 수 있을 것입니다.

끈적거리지 않는 담백한 만남

늘 붙어 있지 않아도 서로 마음이 통한다고 믿으므로 안정감을 느끼는 상태. 그것이 친구 사이에서 딱 좋은 거리감입니다.

가수 겸 배우인 미와 아키히로는 이렇게 말했습니다.

"배를 60%만 채운다는 느낌으로 사귀어라."

배가 가득 차서 포만감을 느끼는 상태에서는 아무리 좋아하는 것이라도 더 이상은 필요 없다는 느낌이 듭니다.

'조금 더 이야기하고 싶다.'

'조금 더 같이 있고 싶다.'

이런 관계로 지내기 위해서는 60%만 채우는 만남이어야 합니다.

고대 중국의 사상가 장자도 이런 말을 남겼습니다.

'군자의 사귐은 물처럼 맑고, 소인의 사귐은 단술처럼 달콤하다.'

군자란 교양과 덕을 갖춘 인격자를 뜻합니다. 군자는 물처럼 담백하고 맑은 교제를 합니다. 그에 비해 마음이 좁은 '소인'은 끈적거리는 단술 같은 교제를 한다는 의미입니다.

물과 단술, 질리지 않고 오래 마실 수 있는 것은 어느 쪽일까요? 단술은 처음에는 맛있다고 느낄지 모르지만 이내 질리고 맙니다. 물은 질리지 않습니다. 담백하고 질리지 않으니 오래 마십니다.

다양한 사람들과 만나는 기회가 많아 가볍게 대화할 수 있는 상대가 늘어나면 그만큼 내게 딱 맞는 친구를 만날 기회도 많아집니다.

새로운 사람을 꺼리지 말고 친구를 사귀는 일을 편안하게 생각하며 다양한 사람들과 만나는 것이 중요합니다. 이것이 10대에 꼭 익혀야 할 관계의 기술입니다.

우리가 살아가는 인생은

일부는 자신이 만들고, 일부는

우리가 선택한 친구들이 만든다.

_ 테네시 윌리엄스

제3장

혼자가 되는
용기

외톨이가 될까 봐 두려운 이유

'쉬는 시간에 함께 놀 친구가 없어서 공부하는 척한다. 학교에는 내 자리가 없다.'

이런 고민을 하는 학생이 많습니다.

혼자 밥 먹는 모습을 다른 사람이 보면 창피하니까 화장실 칸막이 안에서 점심을 먹는다는 대학생들 이야기도 종종 듣습니다.

'같은 무리 아이들과 늘 함께 움직여야 하는 것이 너무 피곤하다. 하지만 미움받아서 따돌림당하는 건 더 싫으니까 무리에서 밀려나지 않으려고 열심히 분위기에 맞춘다.'

이런 사람도 많습니다.

그럼 왜 외톨이가 되는 것을 두려워하는지 생각해 볼까요? 저는 외톨이가 되는 상황에 주목해야 한다고 생각합니다.

능동적 외톨이인가? 수동적 외톨이인가? 자신의 의지로 외톨이가 되었는지, 아니면 다른 사람과의 관계 속에서 외톨이가 될 수밖에 없었는지, 상황의 차이가 중요합니다.

혼자 있는 게 아무렇지 않을 때도 있고 외롭게 느껴질 때도 있습니다. 재미있는 책을 읽고 있거나 좋아하는 게임을 하고 있다면 몇 시간 동안 혼자 있어도 전혀 외롭지 않겠죠. 스스로 혼자 있기를 선택했을 때는 외로움을 느끼지 않습니다.

하지만 친한 친구가 내게 말을 걸지 않고 다른 아이와 즐겁게 어울리는 모습을 보면 어떨까요? 즐거워 보이는 아이들 속에 자신이 없다는 사실이 너무도 외롭게 느껴질 것입니다. 따돌림당한 것도 아니고 우연히 내가 없을 때 다른 아이와 이야기꽃을 피운 것인지도 모르지요. 그래도 소외감이 밀려오고 쓸쓸함에 마음이 아픕니다.

내 의지와 상관없이 나를 둘러싼 관계들 속에서 어쩔 수 없이 외톨이가 되었다고 느끼면 외로움과 불안감이 싹틉니다.

관심을 못 받게 될까 봐 두려워하고 혼자가 되는 상황을 피하고 싶은 사람은 수동적 외톨이가 될까 봐 불안해합니다.

능동적 외톨이가 되어 보자

'능동적 외톨이'가 되면 혼자 있는 것이 겁나지 않습니다. 자신의 의지로 '외톨이가 되는 것'을 선택했다면 외롭지도 않고 창피하지도 않습니다. 비참한 기분이 들지 않습니다. 능동적이라는 것은 주체적으로 선택해서 행동한다는 뜻입니다.

능동적 외톨이가 되는 길, 혼자 있는 시간을 잘 보내기 위한 연습의 첫걸음은 우선 혼자서 보내는 시간을 충만하게 만드는 것에서 시작합니다. 예컨대 책을 읽고, 그림을 그리고, 글을 쓰는 것입니다. 뭔가를 만들어 볼 수도 있습니다. 음악을 즐기는 방법도 다양합니다. 좋아하는 음악을 듣기만 하는 게 아니라 불러 볼 수도 있고, 연주해 볼 수도 있습니다. 가사를 쓰고 곡을 만들 수도 있습니다.

산책이나 달리기도 좋습니다. 식물을 기르거나 동물을 돌보는 것도 좋습니다. 낚시도 즐겁겠죠. 가벼운 마음으로 다양한 일에 도전해 보길 바랍니다.

'이렇게 푹 빠질 줄 몰랐어. 나는 이런 일도 좋아하는구나' 같은 새로운 발견을 할지도 모릅니다. 혼자 보내는 시

간의 즐거움을 맛보고 '혼자 있는 것도 나쁘지만은 않다'
고 느낀다면 성공입니다.

'능동적 외톨이'와 '수동적 외톨이'는 '단독'과 '고립'
으로 바꾸어 말할 수도 있습니다. 스스로 홀로 있고자 하는 자
세, 독립심과 자존감이 함께하는 태도가 '단독'입니다. 주위에서
떨어져 나와 불리한 상황에 놓인 것이 '고립'입니다.

자기 자신의 의지가 있고 없고에 따라 이렇게나 달라집
니다. 고립은 벗어나는 편이 좋습니다. 단독은 사랑하는
편이 좋습니다. 남들이 보기에는 '고립'인 상황도 자신이
어떻게 하느냐에 따라 충만한 '단독'이 될 수 있습니다.

『유가미 군은 친구가 없다』라는 고등학생이 주인공인
만화가 있습니다. 유가미는 확고한 신념을 지닌 단독자,
능동적 외톨이입니다. "나는 우물쭈물하며 과거의 인간
관계에 뇌 용량을 쓸 생각은 없어. 왜냐면 나는 친구 같은
건 필요로 하지 않는 인간이기 때문이지!"라고 호기롭게
잘라 말합니다.

반 친구들은 그런 유가미를 어울리기 힘든 이상한 애라
고 생각합니다. 하지만 그는 고립된 것이 아닙니다. 그에
게는 좋아하는 세계가 있기 때문입니다.

야구부에 소속되어 대표 선수로 활약하면서 라쿠고(해학적인 내용을 담은 독백 형식의 일본 전통 서민 예술, 만담)의 열렬한 팬이기도 합니다. 그 외에도 여러 가지 독특한 취미가 있고 공부도 잘합니다.

이 만화의 주인공인 치히로는 친구 관계로 고민이 많은 평범한 여고생이지만 유가미와 얽히면서 혼자 있는 것에 대한 생각이 바뀝니다. 유가미에게는 공감하기 어려워도 치히로를 보면 고개가 끄덕여질 것입니다.

단독자 대 단독자로,
'마음의 친구'와 '마음의 스승'을 찾아보자

능동적 외톨이(단독자)가 되는 두 번째 단계는 단독자 대 단독자로 '마음의 친구'를 찾는 것입니다. '알아, 알아' 하고 공감할 수 있는 단독자 동성 친구, 단독자 이성 친구를 찾아보길 바랍니다.

동경하는 존재가 있으면 혼자 있는 것에 대한 부정적인 이미지가 머릿속에서 점점 떨어져 나가게 됩니다. 저는 어린 시절 〈무민〉 시리즈에 나오는 스너프킨을 정말 좋아했습니다. 스너프킨은 혼자 놀기의 달인입니다. 바람처럼 나타나서 다시 바람처럼 사라집니다. 고독해 보이지만 외롭지 않습니다. TV 애니메이션에서는 기타를 치지만 책에서는 하모니카를 붑니다. 무민 계곡에 사는 친구들 중에는 사랑할 수밖에 없는 캐릭터가 많지만, 그중에서도 무리 짓지 않고 혼자 지내며 조금 심오한 생각을 하는 스너프킨이 제일 멋있었습니다.

문학 작품을 읽고 공감할 때가 있을 것입니다. 나도 느낀 적 있는 것, 머릿속에 흐릿하게 존재했던 생각을 주인공이 분명한 언어로 표현하기도 합니다. '아, 맞아, 맞아. 그런 느낌이지' 하고 생각하게 됩니다. 그러고 나면 그 작가의 책을 더 읽고 싶어집니다. 좋아하는 작가를 발견하고 그 세계관에 빨려들어 갈 때는 '이토록 멋진 친구가 여기 있었다니' 하고 감격하게 될 것입니다. 문학에서 '마음의 친구'를 발견했다면 대단히 풍요로운 친구의 광맥을 찾은 것입니다.

여러분을 지탱해 주는 든든한 원군은 사방에 있습니다. 제가 특히 추천하고 싶은 것은 위인전 읽기입니다. 위인이란 인류를 위해 위대한 공적을 남긴 사람입니다. 위인들도 온갖 좌절과 갈등을 경험했습니다. 고생과 실패를 겪지 않고 늘 순탄하게 사는 사람은 한 명도 없습니다. 일이 잘 풀리기만 했던 사람은 없죠. 위인들은 고난을 극복하면서 그렇게 위대해질 수 있었습니다.

위인전을 읽고 마음을 울리는 것이 있었다면, 인생의 모범, '마음의 스승'으로 삼으세요. 스승으로 삼는다는 것은 그 사람의 사고방식을 다양한 각도에서 심도 있게 공부한다는 의미입니다.

생각하고 행동할 때 그 위인의 사고방식과 말을 참고합시다. 내면에 '마음의 스승'을 많이 모시고 있는 사람은 그만큼 마음의 아군이 많다, 마음의 원군이 많다고 할 수 있습니다.

만난 적 없는 옛사람과도 정신은 이어질 수 있다

중세시대 일본의 승려인 요시다 겐코가 쓴 수필집 『쓰레즈레구사』에 이런 구절이 있습니다.

'혼자서 등불 아래 책을 펼치고 옛사람을 벗 삼는 일은

"가장 좋은 친구는
나 자신입니다.
혼자가 되는 것은
자기 자신과 마주할
절호의 기회입니다."

더할 나위 없는 위안이다.'

외로울 때면 책을 펼치고 만난 적 없는 옛사람의 말을 친구로 삼는 것이 가장 좋은 위로가 된다는 뜻입니다. 전통 시인 고바야시 잇사 전집을 읽을 때 잇사가 『쓰레즈레구사』에서 이 문장을 인용한 것을 보았습니다.

'그래? 잇사도 『쓰레즈레구사』를 읽고 이 문장이 인상 깊었구나' 하고 생각하니 겐코와 잇사가 모두 나와 연결되어 있다는 마음이 들어 감개무량했습니다.

중세시대 전통 예술론인, 제아미의 『후시카덴』에서 '『논어』에 이렇게 쓰여 있는데'라는 구절을 보고, '아, 제아미도 『논어』를 읽고 참고했구나' 하고 생각했습니다. 기행문학으로 유명한 바쇼는 『오쿠노 호소미치』에 기록한 여행에 나설 때 이전 시대 승려이자 시인이었던 사이교의 여행을 참고했습니다.

'나는 생각한다. 고로 존재한다'라는 말로 유명한 프랑스 철학자 데카르트도 『방법서설』에서 좋은 책을 읽는 일은 지난 세기의 최고의 인물들과 이야기를 나누는 것과 같다고 말했습니다.

샤넬이라는 브랜드로 유명한 디자이너 코코 샤넬은 소

녀 시절 다락방에서 보물처럼 아끼는 소설들을 읽으며 필
사했다고 합니다.

'이렇게 읽은 소설은 내게 인생을 가르쳐 주었다. 감성
을 키우고, 긍지를 알려주었다. 나는 늘 자긍심이 넘치는
소녀였다.'

이들 모두가 옛사람을 친구로 삼았습니다. 옛날의 훌륭
한 정신은 지금까지 끊이지 않고 이어져 왔습니다. 오랫
동안 널리 읽혀온 고전은 그만큼 많은 사람의 마음을 움
직이고 영향을 미친 것들입니다.

고전을 읽으며 마음에 새기면 나 또한 위대한 정신을 계승하는
사람 중 하나가 됩니다. 만난 적 없는 옛날 사람과도 마음이
이어져 있다고 느낄 수 있습니다.

그러니까 외롭지 않습니다. 강력한 원군이 있으면 혼자
있어도 불안하지 않습니다. 편안한 마음으로 의연하게 지
낼 수 있습니다.

내 마음의 토대는 그런 다양한 사람들의 사고방식과 말
이 쌓이며 만들어집니다. 책을 많이 읽는 사람은 선현의 도움을
받아 마음의 뼈대가 단단해집니다. 마음속에 참고할 수 있고
의지가 되는 사람이 한 명도 없다면 굉장히 불안할 것입

니다. 고민을 털어놓을 사람 한 명 없이 나 혼자 세상의 무게를 감당해야 하니까요. 내 생각만 가지고 인생에 맞서는 것은 굉장히 힘겨운 일입니다.

내 마음속에 마음의 친구, 마음의 스승으로 부를 만한 존재는 얼마나 있나요? 언제 어디서든 나는 혼자가 아니라고 생각할 수 있다면 외톨이가 되는 것을 겁내지 않아도 됩니다.

혼자가 되면 깨닫는 것들

싱어송라이터 아이몽이 인터뷰에서 학창 시절을 이야기한 적이 있습니다. 중학생 무렵부터 공부하는 의미를 알 수 없고 교실에 있기도 싫어져서, 학교에 가도 수업은 듣지 않고 계속 보건실에만 있었다고요. 친구는 있었지만 사소한 오해 때문에 가깝게 지내던 친구와 사이가 틀어지는 일을 겪고 나서 친구란 무엇일까 하는 의문을 품은 적도 있다고 합니다.

고등학생 시절 마음을 지탱해 준 것은 음악이었다고

말했습니다. 좋아하는 음악을 듣기만 한 것이 아니라 직접 곡을 만들게 되었습니다. 음악에 너무 몰두한 나머지 학교 출석 일수가 부족해져서 자칫 잘못하면 상위 학년으로 올라가지 못하고 유급될 수도 있는 지경까지 이르렀습니다.

고민 끝에 아이묭은 다른 학교로 전학하기로 했습니다. 이전 학교 친구들과의 관계는 완전히 끊겼고, 새로운 학교에서도 친구를 사귈 마음이 생기지 않아 주로 혼자 시간을 보내게 되었습니다.

하지만 혼자가 되니 도리어 자유로워졌다고 합니다. 혼자만의 시간이 많아지면서 음악을 하고 싶다는 마음이 명확해졌다고요.

"혼자가 되어야 깨닫는 것이 있다. 언제나 주위에 사람이 있을 거라고 생각하면 안 된다. 하지만 혼자라고 느껴도 세상에 혼자만 남겨진 것은 아니다."

아이묭은 혼자가 되어 고독을 맛보며 자신이 정말 소중히 여기는 것, 하고 싶은 것을 확실하게 알게 되었다고 합니다.

가수이자 배우로 대활약 중인 호시노 겐도 젊었을 때

인간관계를 잘 맺지 못했다고 합니다. 한 인터뷰에서 노래 역시 남에게 잘 보이려고 하게 된 것이 아니라 '저주의 노래'였다고 말하기도 했습니다.

혼자가 되는 것은 자기 자신과 마주할 절호의 기회입니다. 관심의 방향이 내면으로 향하게 되면 '나는 무엇을 하고 싶은가?' '어떻게 되고 싶은가?'에 대해 깊이 생각하게 됩니다. 주위에 휩쓸리지 않고 나 자신의 문제에 철저하게 집중할 수 있습니다. 그러면서 앞으로 무엇을 할지 뜻을 펼쳐나갈 각오가 점점 자라납니다.

사춘기에는 한 번쯤 혼자가 되어 보는 것이 필요하다고 생각합니다.

혼자가 될 용기가 있는가

능동적 외톨이가 되는 길 다음 단계는 사람들과 어울리는 일을 줄이고 '개인'으로서 단독 행동을 해보는 것입니다.

어떤 일이든 사이좋은 친구와 함께 하는 사람이 있습니다. 같은 동아리에 가입하고, 학원도 친구 따라 함께 다닙니다. 아무리 사이가 좋아도 하고 싶은 일이 전부 같을 수는 없습니다. 그런데도 학업, 취미생활, 여가활동, 봉사활동 등 여러 면에서 늘 친구와 붙어 다니는 선택을 합니다.

가끔은 혼자서 행동하는 것도 필요합니다. 미지의 환경에 혼자 들어가려면 긴장되겠지만, '이번에는 혼자 뛰어들어 보자'는 용기를 내길 바랍니다.

저는 강의 시간에 자유롭게 움직일 수 있는 상황이라면, 사람 수를 바꾸며 팀을 이루는 조별 게임을 시키기도 합니다.

처음에는 혼자 제각각 걸어 다니게 합니다.

"자, 이제 세 명씩 모여 팀을 만드세요."

완성된 팀부터 자리에 앉는데 늘 함께 붙어 다니는 2인조가 있으면 좀처럼 팀이 만들어지지 않습니다.

두 명씩 짝지어 넷이 서로를 응시하며 상대 중 한 명이 자기 쪽으로 붙기를 기다리는 일도 자주 있습니다. "우리 둘이 각자 다른 팀에 붙자"라는 선택을 하지 못하고 교착상태가 한동안 이어지는 것입니다.

"다음은 열한 명씩 팀을 만드세요."

인원수가 훌쩍 늘어납니다. 3인 팀이 네 개 뭉치면 열두 명이 되는데, 한 명이 빠지지 않으면 11인 팀을 만들 수 없습니다.

"다음은 5인 팀입니다."

열한 명이 둘로 갈라져도 역시 누군가 한 명이 빠져야 만 5인 팀 2개가 생깁니다.

그때그때 상황에 따라 '내가 빠진다'라는 선택지를 선뜻 고를 수 있나요? 혼자(단독자)가 되는 것을 겁낸다면 움직일 수 없습니다.

여러분이라면 어떻게 하겠습니까?

협조의 진정한 의미

이 게임도 연습하면 잘하게 됩니다. 처음에는 '내가 빠진 다'는 선택을 하는 사람이 별로 없어서 시간이 걸립니다.

"여러분, 이것은 혼자가 되는 연습입니다. 매번 각자가 '개인'으로 어떻게 하면 좋을지 생각해서 재빨리 움직이 세요."

이렇게 말한 다음 "다음은 일곱 명" "다음은 네 명" 같은 식으로 진행하면 점점 민첩하게 움직이는 사람이 늘어나면서 짧은 시간 안에 팀을 만들 수 있게 됩니다.

이 게임을 통해 '혼자가 될 용기'뿐만 아니라 협조성, 사회성 정도까지 알 수 있습니다. 내가 제외되는 일은 무조건 피하는 사람보다 상황에 따라 빠질 줄 아는 사람이 협조성과 사회성이 우수하다고 볼 수 있죠. 주변을 살피며 지금 이 자리에서 어떻게 움직여야 좋은지 전체 판을 보고 생각할 수 있는 사람은 민첩하게 움직입니다.

협조는 주변 사람과 똑같이 되려고 똑같은 행동을 하는 것이 아닙니다. 자신이 어떻게 움직여야 전체가 잘 돌아가는지 판단할 줄 아는 것입니다. 생각만 하지 말고 바로 행동에 옮겨야 합니다.

이것이 협조의 본질입니다. 현재 상황에서 내가 무엇을 해야 좋은지 아는 것. 개인적인 감정이나 좋고 싫음, 불편함보다 필요와 대의(大義)를 먼저 고려할 줄 아는 것. 이것이 가능한 사람은 사회성이 우수하다고 할 수 있습니다.

어느 자동차 대기업에서 이 게임을 진행하자 어떤 숫자를 제시해도 순식간에 팀이 만들어졌다고 합니다. 이 게임은 사회 경험이 풍부한 성인들이 특별히 더 잘하지는 않습니다. 그 기업에 사회성이 높은 사람들이 모여 있었던 것입니다. 채용할 때 사회성을 중시했거나, 회사생활 속에서 협력이 원활하도록 잘 제도화했을 것입니다. 사회성이 높은 사람은 한 명이 빠지면 순조롭게 팀을 만들 수 있다는 것을 바로 알아차리고 선뜻 자신이 빠집니다.

전체를 살펴보고 아직 팀에 끼지 않은 사람을 발견하면, "저기요, 저랑 함께 저 팀으로 들어갈까요?" 하고 새로운 상대와 거리낌 없이 한 팀이 될 줄 아는 사람이 있습니다. 그런 자질을 리더십이라고 합니다. 자신의 상황에만 주목하는 것이 아니라 홀로 떨어져 나온 다른 사람의 상황까지 파악해서 전체적으로 보았을 때 어떻게 해야 좋은가 생각할 수 있는 것입니다. 이 상황이 더 좋아지려면 무엇을 해야 하는지 생각할 줄 알아야 합니다. 그런 일을 할 수 있는 사람이 리더가 됩니다.

'분위기를 읽는다'라는 말이 언젠가부터 다른 사람들에게 동조하는 것을 가리키는 의미로 받아들여지고 있습니다. 동조해서 그저 주변과 똑같아지려고 하는 것은 그자리의 분위기를 좋게 하는 행동이 아니고 주변 사람들을 돕는 행동도 아닙니다. '분위기를 읽는다'라는 말의 본래 의미는 현재 상황을 전체적으로 잘 파악하고 지금 자신은 무엇을 해야 하는지 판단해서 좀 더 나은 행동을 취하는 것이라고 생각합니다.

그 자리의 공기가 탁해지는 방향으로 남을 따라 하지 말고, 공기의 순환이 좋아지도록 판단해서 독자적으로 행동할 줄 알아야 합니다.

그렇게 되기 위해서라도 '혼자가 되는 용기'는 대단히 중요합니다.

무소의 뿔처럼 혼자서 가라

'무소의 뿔처럼 혼자서 가라.'

석가모니의 말입니다. 인도 무소의 코끝에는 뿔 하나가 당당하게 솟아올라 있습니다. 석가모니는 단독자로서 걸어갈 각오를 '무소의 뿔'에 비유하여 이야기했습니다.

시의 형태로 석가모니의 지혜를 소박하고 간결하게 전달하는 『수타니파타』라는 경전에 나오는 말입니다. '무소의 뿔'이라는 대목에 이런 문장이 나옵니다.

'동료들 사이에 있으면 쉬려 해도, 서려 해도, 가려 해도, 여행하려 해도 늘 누군가가 불러 세운다. 타인에게 종속되지 않는 독립과 자유를 찾아서 무소의 뿔처럼 혼자서 가라.'

운율이 있는 시문이라서 소리를 내어 읽으면 마음속에 자연스럽게 스며듭니다. 몇 번씩 소리 내어 읽으며 마음에 새겼으면 하는 말입니다.

인간은 태어날 때도, 죽을 때도 혼자입니다. 그저 홀로 걸어가는 것이 삶입니다. 함께 있으면 피곤해지는 복잡한 관계에서 가끔은 벗어나는 것도 좋습니다. 내가 하고 싶은 것을 하기 위해, 필요한 공부를 하기 위해 늘 누군가와 함께 있지 말고 사람들에게 거리를 두는 시간을 가져 보길 바랍니다.

그런 나에게 기분 나쁘게 말하거나 험담을 하는 사람이 있어도 크게 신경 쓸 필요 없습니다. 여러분의 인생과 그 사람의 인생은 별개입니다. 그 사람은 여러분이 무엇에 가치를 두는지 이해하지 못하는 것뿐입니다. 누구나 서로를 이해할 수 있는 것은 아니니까요.

고독을 두려워하지 않는 것은 곧 자신을 소중히 여긴다는 의미라고 생각합니다. 친구와 잘 지내는 것도 중요하지만, 그 이상으로 자신을 소중히 여겨야 합니다. 여러분의 가장 좋은 친구는 여러분 자신입니다. 그렇게 생각할 수 있는 사람이 됩시다. 마음이 상한 채 잘 통하지도 않는 사람과 어울릴 필요는 없습니다.

혼자가 되는 것을 너무 두려워하면 괴롭히는 사람이나 바람직하지 않은 친구에게서 벗어나기 어렵습니다. '이런 친구라도 없는 것보다는 나아' '나를 함부로 대하는 애지만, 저 애의 미움을 받고 싶지는 않아'와 같은 마음은 잘못된 것입니다. 자기 자신을 소중히 여기지 않는 것이니까요. 나를 소중히 여겨야 합니다.

고독은 사람을 성장시킵니다. 혼자 있는 자신을 받아들일 수 있게 되면 외톨이를 창피하고 비참하다고 느끼는 마음도 사라질 것입니다. '개인'으로 자립할 수 있는 사람이 됩시다. 홀로 설 수 있으면 긍지와 자존감이 내면에 뿌리를 뻗습니다. 그래서 점점 더 강해집니다.

능동적 외톨이는 고독을 사랑할 줄 아는 단독자가 된다는 의미입니다. 저는 여러분이 홀로 설 수 있는 강한 사람이 되길 바랍니다.

사람들은 네가 말한 것은 잊어버릴 수도 있다.
하지만 네가 말할 때 어떤 느낌을 받았는가는
결코 잊지 않을 것이다.

_칼 W. 비크너

제4장

친구가 떠나는
이유

날카로운 칼이 될 수도 있는 말,
"친구니까 하는 말인데……"

"친구니까 하는 말인데……." 이런 말버릇이 있나요?
이다음에 오는 말은 보통 충고하거나 비판하는 말인 경우
가 많습니다.

"넌 그 점만 고치면 좋을 것 같아."

"너한테 별로 안 어울려."

이렇게 신랄한 말이 뒤따르기 쉽죠. 친구끼리 한 얘기
라도 상대는 상처받을 수 있습니다. 뭔가 잘못했다, 고쳐
야 한다는 말을 계속 들으면 상대는 나와 함께 있고 싶지
않을 것입니다.

"진심을 털어놓을 수 있는 진짜 친구라고 생각해서 말
한 건데."

친구를 위해서 한 말인데, 친구가 듣기 싫어하면 섭섭
하고 억울할 수도 있습니다. 하지만 사이좋은 친구라고 해서
생각과 감정을 있는 그대로 드러내도 괜찮은 것은 아닙니다.

저도 절친한 사이라고 생각했던 사람을 심하게 비판한
후 소원해진 경험이 있습니다. 친구에게도 해서는 안 되

는 말이 있습니다. 그것이 진짜 사실이라 해도 입 밖에 내지 않는 게 좋을 때가 많습니다.

친할수록 예의를 지키라는 말처럼 아무리 친한 관계여도 예의와 절제가 필요합니다. 그런 의미에서 "솔직히 말하자면"이라는 표현도 파괴력을 지닌 위험한 말이 될 수 있습니다. 이 말 다음에 상대에 대한 좋은 이야기, 긍정적인 이야기가 나올 일은 거의 없기 때문입니다.

"솔직히 말하자면, 네 이런 점이 좀 부담스러워. 앞으로 안 그러면 좋을 것 같아."

이렇게 얘기하면 상대는 왜 지금까지는 솔직하지 않았던 건지, 오히려 분노를 느낄 수도 있습니다.

"지금까지 계속 그렇게 생각했으면서 안 그런 척한 거야?"

이렇게 상황이 진전되면, 좋았던 과거까지 모조리 부정당할 수 있습니다.

'솔직하게'라는 말에는 파괴력이 있습니다. 관계를 해치는 말이 나오기 쉬워집니다. 그동안은 솔직하지 않았다는 뜻이 되므로 상대는 불쾌감을 느낄 수 있습니다. 이제까지 보였던 말과 태도와의 간극이 클수록 상대는 깊이 상처받습니다.

제 경험을 돌아보면 솔직하게 말해서 좋았던 적은 거의 없습니다. 인간관계를 파괴할 뿐이죠. 서로 내키는 대로 솔직하게 말하면 인간관계는 최악의 상황으로 치닫게 될 것입니다. 국가와 국가가 저마다 솔직한 마음을 내뱉는다면 전쟁이 벌어진다든가, 국교 단절로 이어질 것입니다. 그런 사태가 벌어지지 않도록 이야기를 나누고 교섭하는 것을 외교라고 합니다. 양국이 서로 긴장 관계에 있다고 해도 외교관은 신중하고 부드럽게 처신하며 무난히 해결할 수 있는 길을 찾으려 합니다.

정말 모든 것을 솔직히 말해 버리면, "이 영토는 원래 우리 땅이다. 절대로 양보할 수 없다." 이런 식으로 갈등이 극에 달해 전쟁으로 치달을 수도 있습니다.

평범하게, 하루하루 평온하게 다른 사람과 교류할 때, 솔직하게 말할 필요는 없습니다. 솔직하게 말할 필요가 있을 때는 상대하고 '인연을 끊고 싶을 때' 정도입니다. 우리도 일상생활에서 '외교관'이 될 필요가 있습니다.

솔직하게 말하고 싶은 마음을 잘 조절하는 것이 사람을 사귈 때 지켜야 할 규칙이자 예의라고 할 수 있습니다.

한편, 방송인 중에는 '독설'이 장기인 사람이 있습니다.

속 시원한 입담으로 좌중의 웃음을 자아내거나 통쾌한 한 방을 선사하죠. 하지만 방송에서 하는 말은 그 사람의 솔직한 심정은 아닙니다. 말의 위력을 알고 잘 조절할 수 있는 사람이 일종의 '예능'으로서 독설을 공연하는 것입니다. 그것이 그 사람의 직업입니다. 독설은 시청자가 용인하는 선에서 의미 있는 방송 활동이 됩니다. 방송의 기획 의도, 시청자와의 관계 속에서 진행되는 특수한 퍼포먼스입니다.

독설 캐릭터를 연기하는 사람들을 실제로 만나면 부드럽고 자신을 낮추는 태도로 겸손하게 말하는 사람이 많습니다. 독설 캐릭터가 그 사람의 본 모습은 아닙니다. 독설 캐릭터가 멋있다고 생각해서 별생각 없이 흉내 내다가는 그 대가가 자신에게 돌아올 것입니다. 나도 모르는 새 주위 사람들과 점점 멀어지겠죠.

부정하는 말버릇이 있으면 미움받기 쉽다

"아니, 그게 아니라……."
"그게 말이 되냐?"

"솔직하게 말하고 싶은
마음을 잘 조절하는 것이
사람을 사귈 때
지켜야 할 예의입니다.
특히 상대방이 좋아하는 것을
부정하면 안 됩니다."

이처럼 상대의 말을 바로 부정하는 사람이 있습니다. 자신의 말이 받아들여지지 않으면 누구나 불만을 느낍니다. 더구나 이야기하던 문맥이 뚝 끊겨 버리게 되니 상대는 캐치볼을 주고받듯 오가던 대화 자체가 부정당한 느낌을 받게 됩니다.

부정하는 말이 무의식중에 버릇처럼 튀어나오는 바람에 입 밖으로 뱉었는지조차 스스로 깨닫지 못하는 사람도 많습니다.

"하지만, 그건 아닌 것 같은데?"

'하지만'은 역접의 접속사입니다. 그런데 이야기의 내용을 들어 보면 딱히 반대하는 것도 아니면서 버릇처럼 쓰는 경우가 드물지 않습니다.

'그러니까'도 괜찮고 '그렇다면'도 되는데, '하지만'이 입버릇이 된 것입니다. 그럴 때마다 상대의 말을 부정하고 있다는 것을 깨닫지 못합니다. 더구나 사람들은 자신의 말이 부정당하면 자신의 존재 자체가 부정당한다고 느끼기 쉽습니다. 이런 사람은 인간관계에서 자기도 모르게 손해를 보고 있습니다.

'그런데' '하지만' '그렇긴 한데' '그건 그런데' 같은 말투는 되도록 피하는 편이 좋습니다. 특히 상대가 좋아하는 것, 좋다고 느끼는 것을 부정해선 안 됩니다.

"이거 좋아. 재미있더라." 이렇게 말했을 때, "글쎄, 난 별론데"라는 대답이 돌아오면 말한 사람은 두 번 충격을 받을 것입니다. 우선 '좋다'고 말한 자신이 부정당하고, 자신이 좋다고 한 그 대상도 부정당하기 때문입니다.

너무한다는 마음에 슬픔을 느낍니다. 그렇지 않다고 화도 내고 싶어집니다. 상대를 짜증나는 사람으로 단정하고 마음이 멀어집니다. 이런 반응 중 하나 이상, 심지어 전부를 불러일으킬 수 있습니다.

사람의 취향과 좋고 싫음은 저마다 다릅니다. 상대가 좋아하는 것을 부정하지 않는 것이 예의입니다. 저 역시 이것을 몰라 실수한 적이 있습니다. 나이 어린 친구와 잡담을 나누다가 좋아하는 아티스트에 관한 이야기로 발전했습니다. 그 친구가 좋아하는 아티스트의 이름을 말했을 때 좀 의외라는 생각이 들었던 저는, "진짜? 어디가 좋아?"라고 묻고 말았습니다.

그러자 그 친구의 얼굴에 미소가 사라졌던 것을 똑똑히 기억하고 있습니다. 상처를 주고 말았다는 생각에 바로 수습하려고 했지만, 소 잃고 외양간 고치기였습니다.

그 사람은 그날 이후 음악뿐만 아니라 자기가 좋아하는 것에 대해 제게 이야기하지 않게 되었습니다.

"어디가 좋아?"라는 말 자체는 부정적이지 않습니다. 하지만 대화하는 맥락 속에서 이해가 안 간다는 식의 반응이 무의식중에 전달되었습니다. 이 경험을 통해 저는 깊이 반성했습니다.

언젠가 자신을 오타쿠라고 소개한 사람이 이런 말을 했습니다.

"오타쿠 중에는 배려할 줄 아는 사람이 많아요. 이제까지 '너 이상해' 같은 상처 주는 말을 들어 본 사람이 많아서 그런지 사람이 어떤 때 아픔을 느끼는지 잘 알아요. 그러니까 흙 묻은 신발을 신고 상대의 마음속에 맘대로 들어가는 짓은 안 합니다. 자신이 좋아하는 세계가 부정당하는 것이 싫으니까, 상대가 좋아하는 세계도 부정하지 않아요. 의외라고 생각하실지도 모르지만, 오타쿠들은 대부분 예의 바르고 상냥해요."

내가 당했을 때 기분 나쁜 일임을 알고 있으니까 다른 사람에게도 그런 일을 저지르지 않는다는 말이었습니다. 이런 사람은 인간관계의 미묘한 측면을 잘 이해합니다.

욱하는 사람과는 잘 지내기 힘들다

마음에 안 드는 일이 생기면 금방 울컥하는 사람이 있습니다. 자기 뜻대로 되지 않으면 참지 못하고 삐칩니다. 이런 사람은 주변 사람들을 힘들게 합니다. 또 침울해하다가 갑자기 흥분해서 소란을 피우는 등 감정 변화가 심한 사람도 같이 지내기 어렵습니다. 함께 있으면 피곤해집니다.

누구나 기쁜 일, 슬픈 일, 다양한 사정이 있지만, 그때마다 자신의 감정을 바로바로 드러내지 않도록 연습해야 합니다. 어릴 때는 귀엽게 봐주지만, 성장한 청소년이나 성인이 그렇게 행동하면 사람들이 당황해합니다. 괴팍한 천재들에게는 세상 사람들이 어쩔 수 없이 맞춰주기도 하지만, 그런 경우라도 천재 자신과 주변 사람들이 힘들지 않은 것은 아닙니다.

대인관계를 어렵게 하는 특성에는 다음과 같은 것들이 있습니다.

• 타인의 의견은 듣지 않고 "이거 아니면 안 돼" "이거

말고는 절대 싫어"라고 자기주장만 앞세우는 성향.

• 입이 가벼워서 다른 사람의 비밀이나 사생활 정보를
아무렇지 않게 발설하는 성향.

• 다른 사람과 안 맞을 때 바로 들이받는 성향.

• "내 주제에 뭘~""난 안 돼"처럼 습관적으로 자신을
비하하는 성향.

• 주체성이 없어서 "아무거나 좋아""알아서 해"라며
자신의 의사를 확실히 표시하지 않는 성향.

입이 가벼워서 부주의하게 별 상관없는 사람들에게 아무 말이나 하는 사람은 믿을 수 없습니다. 일상 대화에서뿐 아니라 SNS에서도 온갖 시시콜콜한 정보를 공개합니다. 가까이 두고 싶지 않은 사람이죠.

자기주장이 너무 강한 사람도 힘들지만, 자신감이나 주체성이 부족해 자기 의사를 표현하지 않는 사람도 피곤합니다. 표현을 안 할 뿐, 싫은 기색이 역력할 때는 어떻게 해야 할지 난감합니다.

다른 사람과 갈등이 잦은 사람은 분위기를 망칠 때가 많습니다. 싸움닭처럼 툭하면 공격하기 때문에, 안 그런

사람들까지 휩쓸려 들어가기 쉽죠.

이런 습관들을 고치지 않으면 사람들과 점차 멀어집니다.

자꾸 거절하는 사람은 더 이상 부르지 않는다

친구와 잘 지내려면 '불러 줄 때 간다'는 자세가 중요합니다. 그 일을 좋아하든 싫어하든, 잘하든 못하든 상관없이 함께 어울리는 자리가 있다면 가벼운 마음으로 경험해 보는 것이 좋습니다.

"노래방? 노래방 별로 안 좋아하는데."

"노래를 못 해서 별론데."

이런 말은 하지 맙시다. 노래를 잘하나 못하나, 노래방을 얼마나 좋아하나 같은 것은 상관없습니다. 잘 못 해도 일단 가 봅니다. 그런 사람을 '붙임성이 좋다'고 합니다.

자기가 먼저 적극적으로 나서서 관계를 맺기 어렵다면 남들이 불러 줄 때 가 봅시다. 그러면 그들과의 인연이 길게 이어지며 '고정 멤버'로 언제나 초대받게 될 수 있습니다.

친구가 없어서 고민이라면 더욱더 초대받았을 때 그 기회를 잘 활용해야 합니다. 친구를 만들고 싶다면 누군가가 불러 줄 때 기분 좋게 따라갑시다.

불러 주는 누군가가 있으면 아직은 전성기라 할 수 있습니다. 사귀고 싶은 사람이라 초대받는 것입니다. 세 번 불렀는데 세 번 다 거절하는 사람은 더 이상 초대받지 못하게 됩니다.

"불러도 어차피 안 오는데 괜히 아쉬운 소리 할 필요가 있나?"

이렇게 생각할 테니까요. 붙임성 좋게 나를 불러 주는 만남에 응하면, 경험해 본 적 없는 일을 할 수 있고, 새로운 곳에 갈 수도 있고, 맛본 적 없는 음식을 먹어볼 수도 있습니다. 이처럼 초대에 기꺼이 수락하다 보면 자신의 흥미와 관심 범위가 점점 더 넓어지게 됩니다.

그러는 사이 상대는 나에 관해 여러 가지를 알게 되고 나 역시 상대에 관해 자세히 알게 되면서 관계가 깊어집니다. 그러기 위해서는 타인에게 나를 맞출 줄 아는 수용성과 유연성이 필요합니다.

고집부리지 않고 사과할 수 있는가

상대를 화나게 하고서 고집부리며 바로 사과하지 못하는 사람은 친구가 줄어듭니다. 먼저 사과하면 왠지 지는 것 같고, '내가 그렇게 잘못한 것도 아닌데, 뭘'이라는 생각에 끝까지 버티는 사람이 있습니다. 하지만 친구와 잘 지내는 사람은 상대에게 잘못된 점이 있다는 생각이 들어도 자신이 먼저 굽히고 사과해서 관계를 개선하고자 합니다.

화해하기 위한 다리를 내가 먼저 신속하게 만들 수 있는지야말로 친구가 다가오는 사람과 멀어져 가는 사람이 나뉘는 분기점입니다. 관계 회복은 빠를수록 좋습니다. 상대도 분명 기분이 좋지는 않을 테니 빨리 화해하는 편이 좋습니다.

가능하다면 말로 직접 전하는 게 좋다고 생각합니다. 문자 메시지로 전할 때와 실제로 입으로 말할 때 전해지는 마음이 다르기 때문입니다.

일단 싸운 그 날 사과 메시지를 한마디라도 보내 놓고, 다음 날 다시 제대로 "미안해" 하고 말하는 것이 좋습니다. 무사히 풀릴 것 같다면 사과하는 그 자리에서 바로 다음

약속을 정하는 것도 좋습니다. 서로 기분이 풀렸으니 앞으로도 잘 부탁한다는 마음의 표시로, 오늘 귀가하는 길에 함께 어디에 들르자고 제안할 수도 있습니다. 화해한 김에 한 걸음 더 다가가서 마음의 거리를 좁힙니다. 그렇지 않으면 겉으로만 화해했을 뿐 자연스럽게 다시 사이가 멀어질 가능성도 있습니다.

만약 상대가 너무 화가 나서 쉽게 용서해 주지 않는다면, 시간을 두고 조금 기다릴 수밖에 없습니다. 시간이 친구의 기분을 가라앉혀 주기를 기다립니다. 그렇게 관계를 회복하는 것도 방법입니다.

무례한 말을 들었을 때 흘려넘길 수 있는가

일부러 타인이 싫어할 만한 말이나 행동을 하는 것은 유치한 짓입니다. 하지만 그런 짓을 하는 사람이 있습니다. 그럴 때 울컥하면 같은 수준이 되어 버립니다.

'어디서 바람이 부나?' 하는 느낌으로 흘려넘기는 편이 멋있습니다. 그럴 때는 맞서지 말고 흘려보냅시다.

사람이 많은 곳을 걸어가다가 부딪힐 것 같아서 몸의 방향을 조금 틀 때가 있죠? 대화할 때도 이렇게 부딪힐 일을 살짝 피하면 불편한 상대와도 충돌하지 않고 지낼 수 있습니다. 열이 확 오르게 하는 말을 듣더라도 풍파를 일으키지 말고 흘려듣습니다.

그런 다음 자연스럽게 화제를 돌립니다. 그 일에 관한 이야기가 이어지지 않도록 피하는 것입니다.

"마침 생각났는데, 그거 알아?"

이런 식으로 화제를 돌릴 수 있습니다. 중요하지 않은 의견 대립이나 불쾌함은 그냥 흘려보내는 것도 어른스러운 대처법입니다.

농담으로 받아치는 방법도 있습니다.

저는 대학교에서 선생님이 될 사람들을 가르치고 있습니다. 이야기를 들어 보면 교육 실습을 나갔다가 학생들에게 놀림 받는 일도 있다고 합니다.

"선생님, 얼굴이 커요."

"다리 진짜 짧다."

이런 말을 던지며 나이 차이가 크게 나지 않아 가깝게 느껴지는 교생 선생님이 싫은 말을 들으면 어떻게 반응하는지 살피려고 합니다.

"그럴 때는 어떻게 대처해야 하나요?"

이런 상담을 받으면 저는 농담으로 받아치는 게 제일 좋다고 대답합니다.

"얼굴 진짜 크죠? 배우는 무대에서 돋보여야 하니까 얼굴이 큰 게 좋죠. 저도 교단에 섰을 때 잘 보이도록 여러분을 위해 얼굴을 크게 키워 왔답니다."

"다리가 짧은 덕분에 잘 안 넘어져요. 저는 레슬링을 잘하는데 누구 도전해 볼 사람?"

이렇게 말할 수도 있을 것입니다. 상대가 내뿜는 독기를 받아서 웃음으로 승화시키는 것입니다. '농담으로 받아치기' 기술을 갈고닦아 두면 다양한 상황에서 도움이 될 것입니다.

버릇과 습관의 차이로 생기는 갈등

사람과 사람이 함께 있으면 서로 맞지 않는 부분을 계속 발견하게 됩니다. 그러다 보면 불편한 사람이나 싫은 사람이 생기게 마련입니다. 누군가가 나를 멀리하며 미워할 수도 있습니다. 어쩔 수 없는 일입니다. 하지만 이를 성격이나 인격 문제로 받아들이지 않아야 한다는 것이 제 생각입니다.

이런 말이 있습니다.

"인간은 습관의 총합이다."

사람에게는 다양한 습관이 있고, 그 습관들이 합쳐진 것이 인간이라는 뜻입니다. 사람과 사람의 갈등은 각자가 지닌 다양한 버릇과 습관의 충돌이기도 합니다. 인격이라는 결정적인 뭔가가 있고, 그것이 원인이 되어 충돌이나 어긋남이 생기는 것이 아니라, 대개는 서로 버릇과 습관이 달라서 사소한 부분에서 부딪히는 것뿐입니다. 하나의 인간 안에 다양하게 존재하는 버릇과 습관 중 한두 개가 눈에 거슬려서 마음에 들지 않을 뿐입니다. 그렇게 생각하면 상대를 눈엣가시처럼 여길 일이 아닙니다.

버릇이나 습관을 바꾸는 일은 어렵지 않습니다. 행동을 바꾸면 됩니다. '솔직하게 말하면'이라는 말로 지적하는 버릇을 고치고, 누군가를 화나게 했다면 순순히 사과하는 습관을 들이는 등 구체적인 행동을 바꿔 나갑니다.

백 가지, 이백 가지를 단숨에 고치려고 하면 힘듭니다. 하지만 대인관계에 장애가 되는 몇 가지만 고쳐서 미움받을 일이 줄어들고 좀 더 대하기 쉬운 사람이 된다면 해볼 만할 것입니다. 그때그때 만남 속에서 그런 식으로 자신의 버릇과 습관을 고쳐 나가면 됩니다.

의식적으로 남에게 맞추는 연습을 하자

뚜렷한 이유 없이 친구들이 멀어져 가는 사람은 시야가 좁은 사람인 경우가 많습니다. 자기중심적으로 행동하고 상대의 입장에 서서 생각할 줄 모르거나 자신의 정당함을 자꾸 강요하기도 합니다.

자신을 완고하게 지키려고 하는 대신 타인의 감정과 요청을 받아들이고 그에 부응하고자 할 때 사람은 점점 변화합니다. 상대를 좀 더 받아들여야 합니다.

요한 페터 에커만의 『괴테와의 대화』에서 독일의 문학가 괴테는 이렇게 말했다고 합니다.

"다른 사람을 우리에게 맞추려고 하는 것은 참으로 어

리석은 일이다."

"성미에 맞지 않는 사람들과 무난히 지내기 위해서는 자제해야만 하고, 그것을 통해 우리 내부에 있는 모든 다양한 측면들이 자극을 받고 발전하면서 완성된다. 그리하여 마침내 누구와 부딪혀도 당해 낼 수 있게 된다."

마음이 맞지 않는 사람, 불편한 사람과도 잘 지내봅시다. 그렇게 할 수 있으면 친한 친구와 잘 지낼 수 있을 뿐 아니라 대인관계 전반에 걸쳐 지금보다 더욱 능숙하게 대처할 수 있게 됩니다. 이는 평생 쓸 수 있는 관계의 기술이 됩니다.

사회생활에 필요한 능력은 다른 관점, 다른 사고방식을 지닌 동료, 고객, 거래처 등과 잘 지내는 힘입니다. 그 힘을 지금부터 키워야 합니다.

제5장

싫다고 말해야 하는
관계도 있다

그런 친구는 없어도 괜찮아

초등학생 어린이를 대상으로 『그런 친구는 없어도 괜찮아』라는 책을 펴낸 적이 있습니다. 저학년에서도 괴롭힘이나 폭력이 발생하는 현실 속에서 초등학생이라고 "모두 친구니까 가리지 말고 두루 친하게 지내자"라고 말해서는 안 된다고 생각했기 때문입니다.

'그런 친구'란 내가 뭔가를 열심히 하고 있을 때 발목을 잡고, 험담을 퍼뜨리고, 약은 짓을 하며, 주위 사람을 끌어들여 따돌림을 주도하는 등 부정적인 영향을 퍼뜨리는 친구입니다. 나를 괴롭히고 상처 주는 사람과 친구로 지낼 필요는 없습니다.

이 사실을 이른 시기부터 제대로 알아두는 것이 중요하다고 생각합니다. 해를 끼치는 사람은 어디에든 있을 수 있습니다. 처음에는 그렇게 보이지 않던 사람이 어느샌가 갑작스레 변하기도 합니다. 그런 사람을 참아가며 친구로 지낼 필요는 없습니다. 그런 친구는 없어도 됩니다.

중요한 것은 '내 몸을 지키는 것'입니다. "싫어!"라고 말하는 용기를 내고 거리를 두어야 합니다.

누구나 다른 사람을 괴롭힐 수 있다

"괴롭힘은 나빠."

많은 사람이 알고 있지만 집단 괴롭힘은 절대 없어지지 않습니다.

어째서일까요? 이는 인간이라는 생물이 지닌 특성, 집단 안에서 우위에 서려는 경향에서 비롯되는 공격성과 관련이 있습니다. 괴롭힌 결과로 상대가 난처해하고 힘들어하는 모습을 보면 자신의 강력한 힘을 느끼고 쾌감에 젖습니다. 우월감입니다. 기분이 좋아집니다. 좀 더 우월감을 느끼고 싶어서 더 괴롭힙니다. 괴롭히는 인간에게는 그만둘 수 없는 즐거움이 됩니다. 집단 속에서 경쟁 상대보다 우월한 위치에 선다는 것은 생존 경쟁에서 이겼음을 의미합니다. 승리의 쾌감은 달콤합니다.

공격성이 두드러진 일부 사람만이 아니라 누구에게나 타인을 괴롭힐 위험성이 잠재적으로 존재합니다. 우월감이라는 쾌감은 '괴롭힘은 옳지 않다'는 도덕적인 인식을 날려버릴 정도로 강합니다.

쾌감이 주는 유혹을 이기지 못한 사람은 무슨 이유라도

붙여서 괴롭히는 자신을 정당화합니다. '저 사람은 이런 부분이 나빠. 그러니까 내가 그걸 알려주고 벌을 주는 거야'라는 논리입니다. 인간에게는 그런 위험한 면이 있습니다.

하지만 인간을 존중해야 한다는 윤리관보다 자신의 쾌감이라는 욕구를 앞세우는 사람은 약하고 미숙한 인간입니다.

괴롭힘의 연결 고리를 끊기 위해 할 수 있는 일

'어느 시점부터 괴롭힘이 되는가'에 관한 논의가 자주 벌어지지만, 정도의 문제가 아니라고 생각합니다.

"이 정도는 애들 사이에 흔히 있는 일인데, 이런 것까지 괴롭힘으로 치부하다니 지나치지 않나요?" "요즘 애들은 너무 나약해"라고 말하는 사람들이 있지만, 어느 정도든, 어떤 이유든 괴롭힘은 있어서는 안 됩니다.

괴롭히는 사람은 흔히 "그냥 장난친 거야"라고 말합니다. '장난'으로 괴롭힘을 당한 사람은 더욱 억울하고 견딜 수 없을 것입니다. 모두 함께 괴롭힘을 줄여나가기 위해 계속 노력하고 고민해야 합니다.

현실적으로 괴롭힘에 대항하기 위해서는 큰 용기가 필요합니다.

힘이 세거나 인기가 많은 아이가 "야, 쟤 너무 나대지 않냐? 주제 파악이 안 되나 봐. 정신 차리게 해주자"라고 같은 반 아이들에게 험담을 퍼뜨리고 따돌림을 주도하는 상황을 생각해 봅시다.

그때 "아니, 그러기 싫어" "그런 짓 하지 말자"라고 말할 수 있을까요? 괜한 말을 했다가 창끝이 나를 향하게 될지도 모릅니다. 내가 사냥감이 되어 모두에게 무시당하는 처지에 놓일 수도 있다는 불안감 때문에 동조하거나 그런 척하게 되기 쉽습니다.

휩쓸리는 사람들도 처음부터 하고 싶어서 한 것은 아닐 것입니다. 하지만 괴롭히는 사이 그 사람의 뇌에도 괴롭히는 행위가 주는 쾌감이 솟아납니다. 나도 모르는 사이에 웃으면서, 게임처럼 누군가를 괴롭히게 됩니다.

이런 일은 자기의 마음 안에 괴물을 키우는 것과 같은 일이 아닐까요? 누구나 괴물이 될 수 있는 잠재 요인이 우리 내면에 있습니다. 내 안에 있는 악한 심리에 제동을 걸 줄 아는 인간이 되길 바랍니다. 연결 고리를 끊기 위해서는 한 명 한 명이 자각하고 행동해야 합니다.

'피해자'가 되지 않으려고 노력하는 것에서 한 걸음 더 나아가 '가해자'가 되지 않는 것도 나를 지키는 일이 됩니다.

3장에서 혼자가 되는 용기를 이야기했습니다. 혼자 있어도 아무렇지 않은 힘을 길러두면 괴롭힘의 연결 고리를 끊을 수 있습니다. 뱃속 밑바닥, 단전에서 힘이 솟아나서 자신을 단단히 지탱할 수 있는 용기를 낼 수 있습니다.

'다음번엔 내가 당하는 것 아닐까?' 하는 불안보다 더 강력한 힘이 내면에서 솟구쳐 오릅니다. 그것이 주체성이고 진정한 자의식입니다.

'혼자 있어도 아무렇지 않은 힘'이 여러분의 '지(知, 판단력)·인(仁, 덕성)·용(勇, 행동력)'을 받쳐줄 것입니다.

도망갈 길을 찾는 법

만약 여러분이 괴롭힘을 당하게 되어 더 이상 어떻게 해야 좋을지 모르겠다면,

"혼자서도
잘 지내는 힘을 키우면,
괴롭히는 상대에게서
벗어날 수 있고,
자신이 사냥감이 될까 봐
따돌림에 가담하는 일을
피할 수 있습니다."

일단 도망치세요.

'도망'은 살아남는 방법과 수단을 찾기 위한 행동입니다.

여러분을 모욕하고 고통스럽게 하는 폭언과 폭력에 계속 노출되어 있으면 생각할 힘조차 빼앗기게 됩니다. 판단력이 상실되어 사고 정지에 이르고 맙니다.

더러운 말을 뒤집어쓰고 불쾌한 일을 계속 당하면 그런 말을 듣는 나, 그런 일을 당하는 내가 더럽혀졌다고 느끼게 됩니다. '이런 나에겐 가치가 없어' '살아 있고 싶지 않아'라는 생각이 듭니다.

목숨을 끊는 행위는 도망치는 것이 아닙니다. 도망은 살아남기 위한 수단입니다. 죽는 것은 자신을 포기하는 일입니다. 나의 가능성, 나의 꿈, 나의 장래, 나의 인생, 내가 사랑하는 사람들, 나를 사랑하는 사람들……. 누군가의 일그러진 쾌감 때문에 나를 포기하는 것은 어리석은 짓입니다. 옳지 않습니다.

살아있기를 포기해선 안 됩니다. 살아갈 힘을 빼앗겨서는 안 됩니다. 혼자서 끌어안고 있어서도 안 됩니다.

가장 바람직한 것은 '부모님에게 이야기하기'입니다.

자신이 괴롭힘을 당하고 있다는 것을 마지막까지 알리

고 싶지 않은 사람이 부모님인 경우가 많습니다. 자신의 세계에서 일어나는 일을 부모님에게 알리는 것을 부끄럽게 느끼는 것은, 자립심이 싹트기 시작한 사춘기 이후의 10대와 20대에게 자연스러운 태도입니다. 한 사람의 독립된 인간이 되어가고 있다는 증거입니다.

하지만 괴롭힘은 혼자서 해결할 수 있는 문제가 아니므로 아군을 모으고 팀을 꾸려야 합니다. 대부분의 사람들에게 가장 강력한 아군은 바로 부모님입니다.

'부모님에게 말하면 걱정하실 거야, 괜히 힘들게 하고 싶지 않아'라고 생각하고 있다면 판단력과 상상력이 부족한 것입니다. 무슨 일이 일어났는지 알지도 못한 채 자식이 점점 피폐해진다면, 더 나아가 목숨을 끊는다면 부모는 견딜 수 없습니다. 그것이 가장 큰 불효입니다.

'왜 알아차리지 못했을까?'

'왜 아무것도 해 주지 못했을까?'

평생 괴로워하며 살게 됩니다. 지옥에 떨어진 기분으로 살아가야 합니다. 부모님을 힘들게 하고 싶지 않고, 괴롭히고 싶지 않다면 일단 털어놓아야 합니다. 그런 다음 함께 생각해 봅니다. 부모님에게 이야기하면 안심하고 지낼 수 있는 장소를 확보할 수 있습니다.

아무 말도 없이 학교에 가지 않고 방에 틀어박혀 있으면 부모님은 영문을 모르니 자꾸 잔소리만 하게 됩니다. 하지만 상황을 알리고 이해받는다면 집에서만이라도 안심하고 지낼 수 있습니다.

한동안 학교를 쉬면서 앞으로 어떻게 해야 할지 생각할 때도, 부모님이 학교 측과 이야기할 때도, 전학을 검토할 때도 부모님의 이해와 협력이 반드시 필요합니다.

우선 부모님을 아군으로 삼고 가족이 다 함께 대처해 가야 합니다. 여러분의 장래를 부모님만큼 진지하게 생각하는 사람은 이 세상에 없습니다. 간혹 부모님이 미성숙하거나 감정적이어서 잘 대처하지 못할 수도 있습니다. 그렇더라도 미성년자나 아직 독립하지 못한 처지라면, 타인과의 관계에서 생긴 문제를 해결하기 위해 먼저 부모님을 내 편으로 끌어들이는 것이 문제를 해결하는 지름길입니다.

객관적 판단을 할 수 있는 제3자를 동원하라

괴롭힘과 관계없는 친구나 심지어 SNS에서 알게 된, 멀리 사는 친구에게 털어놓는 사람들도 있습니다. 하지만 괴롭힘 문제를 해결하려면 어른이 나서야 합니다. 또래 친구는 아무리 어른스러워도 인생 경험이 적고, 내 머리에서 나오는 해결책 이상을 생각하기 어렵습니다.

친구가 하는 말은 공감은 갈지언정 사회의 부조리를 잘 알고 다각적인 관점에서 사건을 파악할 수 있는 어른의 지혜에는 미치지 못합니다. 또래 친구는 나를 도와 상황을 해결하기 위해 동원할 자원도 부족하고 내 문제에 개입할 권한도 없습니다.

학교 선생님에게 이야기할 때도 혼자만 가지 말고 부모님께 협력을 요청하는 것이 좋습니다. "왜 이제까지 모르셨어요?" "왜 막지 못하셨어요?" 하고 선생님을 탓하기 위해서가 아닙니다. 이 어려운 상황을 해결하기 위해 어떤 방법이 효과적일지 함께 고민하기 위해서입니다.

예를 들어 다음 학년으로 진학할 때는 괴롭히는 아이들과 같은 반이 되지 않게 해 달라고 요청할 수 있습니다. 학년이 바뀌기 전에도 괴롭히는 아이들을 주시하다가 문제가 생길 때 즉각 개입해 달라고 부탁할 수 있습니다.

처음부터 '안 될 게 뻔해'라고 혼자 정하지 말고 가능한 방법을 최대한 여쭤보고 궁리합니다. 최선의 방법을 모색하고, 안 되더라도 차선을 찾아냅니다.

문제가 생겼을 때 어른은 어떻게 할까요? 인간관계가 뒤엉켜서 간단히 해결할 수 없는 경우, 냉정하고 객관적으로 판단할 수 있는 제3자를 부릅니다. 변호사나 경찰에게 상담을 요청하기도 합니다.

담임선생님과 이야기 나눌 때도 상담 선생님 같은 제3자에게 동석을 부탁하는 방법이 있습니다. 사정이 있어 부모님에게 털어놓을 수 없거나 학교 선생님에게 말했지만 도무지 이해해 주지 않는 경우, 종종 대화를 나누는 친척 어른, 지역 청소년센터 동아리 지도 선생님 등 학교 밖에서 믿을 수 있는 어른을 찾아봅니다.

믿을 수 있는지 없는지는 '처음 이야기한 그 자리에서 안심할 수 있는 말을 해 주는가'에 달려 있습니다. 그것이 전부는 아니지만 내 편이 되어줄 것 같은 사람은 일단 바로 안심할 수 있는 말을 건네는 법입니다. 지역에 있는 아동보호기관, 청소년 상담센터 등 상담할 수 있는 공공 기관도 있습니다.

다양한 형태로 SOS 사인을 보내야 합니다. 열심히 찾으면 나를 지켜줄 안전망은 반드시 이 세상에 존재합니다.

스위치를 바꾸어 다른 것에 집중해 보자

더 이상 이 학교에 다닐 수 없다는 마음이 들면 전학을 가면 됩니다. 사람이 무서워서 학교에 도저히 갈 수 없다면 안 가도 됩니다. 살아 있는 한 언제든지 다시 시작할 수 있습니다.

정신적인 피난처로서 자신의 세계를 만들 것을 권합니다.

예를 들면 공부에 몰두해 봅니다. 성적을 올려서 나를 괴롭히던 아이들이 올 수 없는 학교에 진학합니다.

사람들이 모두 공부에 전념하며 다양한 지식을 쌓고, 사물을 폭넓고 냉정하게 생각하는 힘을 기른다면 남을 괴롭히는 일은 거의 없어질 것입니다. 괴롭히는 행위처럼 비열한 방법으로 우월감을 맛보려는 사람이 적어지니까요. 그보다는 자신의 목표 달성과 자기실현을 지향하는 기쁨이 훨씬 크다는 것을 깨닫게 됩니다.

공부 이외에 하고 싶은 일이 있다면 망설이지 말고 빠져들어 봅시다. 좋아하는 것에 집중하는 시간은 즐겁습니다. 마음의 상처를 치유하는 데 특효약입니다. 요즘은 온라인으로 다양한 분야를 배울 수 있으니 쉽게 도전할 수 있습니다.

혼자서 꾸준히 좋아하는 일을 하는 것도 바람직하지만, 사람과 만나는 것을 피하다가 사회와의 접점을 잃게 되면 그로 인해 더 힘들어질 수도 있습니다. 사회에서 고립되지 않도록 누군가와 연결될 수 있는 장소가 있는 것이 좋습니다. 그곳에서 열심히 에너지를 쏟으면 새로운 만남이 생기고 친구도 생깁니다. 여러 문제가 저절로 해결됩니다.

나에게는 이것이 있다, 이것이 있으니까 살아갈 수 있다, 이렇게 생각하게 되면 인생이 점점 즐거워집니다. 이렇게 재미있는 일들이 많은데 별것도 아닌 괴롭힘 때문에 인생을 포기하지 않아 정말 다행이라고 반드시 생각하게 될 것입니다.

열중하면 진취적으로 바뀝니다. 미래에 희망이 있다면

그 희망을 성취하기 위해 어떤 공부를 해야 하고 어떤 기술을 갈고닦을지 계획하게 되니까요. 지금 무엇을 해야 할지도 생각하게 됩니다. 괴롭힘을 계기로 나의 길, 나다운 삶을 발견해서 활약하게 된 사람이 많습니다. 괴롭힘도 인생의 기회로 바꿀 수 있습니다.

누군가 아무 이유 없이 내게 돌을 던졌다고, 그 때문에 소중한 내 인생이 잠식되도록 내버려 두어서는 안 됩니다.

"그런 친구는 없어도 괜찮아!"

이 말을 마음을 북돋기 위한 구호로 삼고, 앞을 향해 걸어가세요.

독수리 떼와 함께 날고 싶다면,

칠면조 무리에 끼어

바닥을 긁어대고 있어서는 안 된다.

_지그 지글러

제6장

친구는
역시 좋아

밤에 쓴 편지는 부치지 말라

자신의 사회적 위치를 파악하게 되면서 어른스러운 인간관계를 향해 탈바꿈하기 시작하는 시기가 사춘기입니다. 앞으로 자신을 형성해 갈 기반이 되는 삶의 자세를 완성해 가는 때입니다.

어린 시절과 가장 큰 차이점은 자신의 감정과 기분을 조절할 수 있는가입니다. 그것이 가능해지는 시점이 사춘기 이후입니다. 아무리 친해져도 감정을 백 퍼센트 드러내고 말하거나 행동해서는 안 됩니다.

철학자 니체가 쓴 『차라투스트라는 이렇게 말했다』에는 제가 아주 좋아하는 문장이 있습니다.

'그대는 그대의 벗을 위해서 아무리 아름답게 치장하더라도 충분하지 못하다. 그대는 벗에게 초인을 지향하는 한 개의 화살, 초인을 그리워하는 동경이 되어야 하기 때문이다.'

이 '초인을 지향하는 한 개의 화살, 초인을 그리워하는 동경'이라는 문구를 너무나 좋아해서 사인을 부탁받으면 이 부분을 조금 바꾸어, '동경의 화살이 되어라!'라고 곧 잘 쓰곤 합니다.

이 문장 앞에는 이런 말이 쓰여 있습니다.

'자신을 조금도 감추지 않는 것은 상대에게 불쾌함을 안긴다. 그대들은 전라인 것을 감추고 두려워해야 한다.'

뭉뚱그린 표현을 싫어했던 니체의 말은 본질을 꿰뚫는 날카로움이 특징입니다. 니체는 있는 그대로의 자신을 벗 앞에 드러내는 일은 상대를 불쾌하게 만드니 하지 말라고 이야기했습니다.

명확한 목표를 향해 날아가는 화살처럼, 더 나은 사람이 되려는 향상심과 진취적인 마음을 품고 친구 앞에 서는 것. 그것이 친구에게 최대의 예의를 갖추는 것입니다. 생각나는 대로 내뱉는 것은 알몸으로 울부짖는 것과 마찬가지 행동입니다.

젊은 시절, 저는 상대를 배려하지 않는 독설 때문에 친구와 지인을 잃었습니다. 니체의 말을 알게 된 후 제가 저지른 일이 바로 '자기 자신을 조금도 숨기지 않는' 미숙한 행위였음을 깨닫고 깊이 반성했습니다.

사회적 존재인 인간이 자신의 감정을 조절할 수 없다면 갖가지 문제를 불러일으킵니다. 옷을 제대로 갖춰 입고, 몸을 단정히 하고, 불쾌감을 주지 않도록 조심하는 것이 예의입니다. 말도 의복과 마찬가지로 실례가 되지 않도록 제대로 '정돈해서' 해야 합니다.

SNS에 글을 올릴 때는 특히 주의합니다. 사람에게 상처를 주는 무기가 되기 쉽기 때문입니다. 얼굴을 보고서는 할 수 없는 험한 말, 심한 말도 키보드를 두드려 쓰는 글이라면 아무렇지 않게 할 수 있습니다. 정돈되지 않은 말, 감정대로 내뱉는 말이 난무하는 환경 속에 있으면 감각이 마비되어 점점 말이 거칠어집니다.

옛날 사람들은 '밤에 쓴 편지는 부치지 말라'고 말했습니다. 하루의 피로가 쌓인 밤에는 감성적인 상태가 되기 쉽습니다. 밤에 혼자 앉아 이런저런 생각을 하다가 감정이 복받친 상태로 쓴 편지는 아침이 되어 냉정한 상태에서 다시 보면 차마 읽을 수 없는 부끄러운 내용인 경우가 많습니다.

인터넷에서 주고받는 말 역시 그때, 그 순간의 감정을 그대로 내보내는 경우가 많아서 충동적인 내용이 되기 쉽습니다. 인터넷에서 말을 흉기로 휘두르는 것도 자신의 감정을 조절하지 못하는 미숙함이 원인입니다. 성급하게 대처하려 하다 보니까 빈곤한 평소의 어휘력이 드러나는 것입니다.

말은 신중히 골라야 합니다.

친구 문제로 고민하지 않기 위한 '행복 트라이앵글'

1장에서 평생 나를 지탱할 세 가지 관계의 기술을 설명했습니다.

첫째, 마음이 맞는 친구를 만드는 힘

둘째, 마음이 맞지 않는 상대와도 잘 지내는 힘

셋째, 혼자 있는 것을 즐기는 힘

중고등학생 무렵에는 '마음이 맞는 친구 만들기'에 주로 관심이 쏠립니다. 마음이 맞지 않는 상대는 말할 것도 없고, 친한 친구 이외에는 기본적으로 무관심하며, 관계를 맺으면 오히려 스트레스만 받을 뿐이라고 느끼는 사람이 많을지도 모릅니다.

하지만 몇 명 안 되는 친구와 주로 사귀는 상태가 도리어 친구 관계, 전반적인 인간관계를 갑갑하게 만들 수 있습니다. 누구하고나 잘 지낼 수 있어야 다양한 형태의 인간관계를 경험할 수 있고, 스트레스도 적어집니다.

잘 알지 못하고 친하지 않아도, 가볍게 인사를 건네고 잡담을 나눌 수 있는 사람들이 생활공간 여기저기에 있다면 마음이 편해지고 외톨이라는 외로움을 느끼지 않습니다. 마음의 안전망이 되는 것입니다.

사람은 사귀어 보지 않으면 모릅니다. 마음의 안전망을 잘 갖추어 놓으면 그중 누군가와 친구로 발전할 수도 있습니다. 맞지 않을 것 같던 사람이 의외로 좋은 친구가 되는 경우도 많습니다.

마음이 맞는 친구를 만들기 위해서는 '좋아함'이라는 열정을 축으로 삼으면 좋다는 것을 앞서 이야기했습니다. '좋아하는 것'에 대한 편애 덕분에 생긴 친구와는 함께 공유한 세계가 있으니 늘 함께 있지 않아도 불안하지 않습니다.

좋아하는 일이니까 몰두하고 있으면 즐겁고 기운이 납니다. 늘 웃는 얼굴로 함께 시간을 보낼 수 있습니다. 좋아하는 것으로 이어진 친구는 함께 있으면 즐겁게 웃을 수 있는 존재, 기운이 나는 존재라는 친구의 정의를 충족시킵니다.

'좋아하는 것'에 많은 시간과 에너지를 집중적으로 쏟아부으면 자기 안에 자신감이 생겨납니다. 자신감이 있다면 자립심도 쑥쑥 자라나지요. 늘 단짝 친구의 기분을 살피면서 그 친구를 따라 하는 의존적인 관계에서 벗어나고자 하는 마음이 생길 것입니다. 그 관계에서 빠져나온다고 친구가 줄어드는 것이 아닙니다. 오히려 자유롭게 다양한 관계를 맺을 수 있게 됩니다.

마음이 맞는 친구를 만드는 힘, 마음이 맞지 않는 상대와도 잘 지내는 힘, 혼자 있는 것을 즐기는 힘이 조화를 이루면, 주변 인간관계에 휩쓸리지 않고 주체적인 관계를 맺는 '행복의 트라이앵글'이 완성됩니다.

혼자가 좋다면 친구는 필요 없을까?

'난 혼자 있는 게 좋아. 친구는 필요 없어.'

이런 생각을 하는 사람이라면 억지로 친구를 만들 필요는 없다고 생각합니다. 다만 혼자 있는 게 아무렇지 않다고 '고고한 한 마리의 늑대'는 되지 않도록 주의해야 합니다.

친구 같은 것은 없어도 괜찮다고 생각하는 사람 중에는 자기주장이 강해서 다른 사람의 기분을 맞추기 싫어 혼자 지내기를 선택하는 사람도 있습니다. '이상한 애' '분위기 파악 못 하는 애'로 보여도 상관없다고 생각하며 자기만의 스타일을 고수하다가 대인관계 경험이 부족한 상태로 어른이 되면 사회에 나가서 곤란해지는 것은 자기 자신입니다.

아무리 혼자 있는 것이 좋아도 다른 사람과 원만하게 지낼 수 있는 능력을 갈고닦아야 합니다.

사람과 섞이지 않고 혼자만의 닫힌 세계에 있으면 사물을 보는 방식도 점점 굳어집니다. 사고나 행동이 굳어지면 일정한 틀 안에 갇히기 쉽습니다. 좋아하는 것에 더 몰두하고 싶고, 어떤 일을 정말 잘하고 싶고, 자신을 더 성장시키고 싶다면, 조언을 해 줄 스승이나 선배, 함께 훈련할 동료처럼 자극을 주는 '살아 있는 인간'과 어울리는 것이 중요합니다.

내 활동 영역은 외부의 자극에 흔들리면서 점점 넓어집니다. 타인이 주는 자극을 적극적으로 받아들이고, 그 때문에 흔들리는 경험을 환영하길 바랍니다.

누구에게도 잔소리를 듣지 않아도 되는 환경은 안전하고 편안하게 느껴지지만, 그렇게 안주하고 있으면 어느새 우물 안 개구리가 되어 버릴 수 있습니다. 혼자 있는 것이 좋아도 타인에 대한 마음의 문을 닫아 버려서는 안 됩니다. 혼자 있는 것이 좋아도 타인의 의견을 받아들일 줄 아는 습관을 길러야 합니다. 마음을 열어 두지 않으면 찾아온 기회도 도망가고 맙니다.

웃음을 주는 사람에게 나도 웃음을 주고 있는가

나에게 웃음을 주는 사람, 기운을 주는 사람, 그런 사람이 친구입니다. 여기서 말하는 웃음이 재미있어서 배꼽 잡고 웃는 폭소가 아니라는 점은 이해했을 것입니다. 마음이 밝아지고, 기운이 나고, 용기를 얻을 때 짓는 환한 웃음입니다.

힘든 일이 있을 때 아무 말도 하지 않고 그저 계속 옆에 있어 주어 고마웠다. 떨어져 있어도 목소리를 듣고 메시지를 받으면 그것만으로도 기운이 난다. 마음이 든든해지고 뭐든 할 수 있을 것 같은 기분이 든다……. 이렇게 웃으며 살아갈 수 있는 '긍정 에너지'를 주는 사람이 좋은 친구라고 저는 생각합니다.

그런데 여러분도 친구에게 웃음과 기운을 주고 있나요? 내가 웃을 수 있고 기운을 얻을 뿐 아니라 상대도 나를 그런 존재로 여기나요? 그 사람이 내게 호의를 베풀었으니 그 보답으로 나도 호의를 베풀어야 한다는 이야기가 아닙니다.

'친구를 위해 뭔가 해 줄 수 있어서 기쁘다.' '친구가 좋아하니 나도 기쁘다.' 이런 마음으로 생각하고 행동하고 있나요? 상대를 소중히 여긴다는 것은 그런 것입니다. '우정'이란 서로 그런 마음으로 대하는 관계를 말한다고 생각합니다.

바로 그런 우정을 맺었던 대표적인 인물이 문학가 나쓰메 소세키와 하이쿠 시인 마사오카 시키입니다. 둘은 현재의 도쿄대학교 교양학부 동급생이었는데, 라쿠고(전통 만담 예술)를 계기로 친해졌다고 합니다. 둘 다 공연 보러 다니는 것을 좋아했습니다.

소세키가 영어 교사로 일하고 있을 무렵, 시키는 폐결핵으로 요양하는 상황이었습니다. 그런 시키에게 소세키는 '하이쿠를 써 보고 싶은데 한가할 때 가르쳐 줘'라는 편지를 보냈다고 합니다. 시키가 좋아하고 잘하는 일을 하며 병의 고통을 잊었으면 하는 마음이었죠. 시키는 소세키의 하숙집에 와서 한동안 머물며 문학 이야기를 실컷 나누었습니다.

소세키가 런던에서 유학하고 있는 동안에도 두 사람은 편지를 주고받았습니다. 시키는 병이 악화되어 매일같이 병상에서 괴로워하는 나날을 보내고 있었습니다. 소세키는 농담을 듬뿍 섞어서 런던의 근황을 편지에 썼고, 시키는 그것을 읽고 '네 편지는 요즘 날 웃게 하는 것 중 최고야'라고 답했습니다. 당시 소세키는 미쳤다는 소문이 날 정도로 신경증에 걸려 마음속 갈등으로 고통받고 있었지만, 병상의 시키에게는 밝고 즐거운 이야기를 써 보내서 기운을 북돋아 주려고 했습니다.

소세키가 『나는 고양이로소이다』나 『도련님』을 발표했을 때 시키는 이미 세상을 떠난 후였습니다. 하지만 해학이 넘치는 이 소설들을 발표한 매체는 시키와 관련된 잡지 〈호토토기스〉였습니다. 이런 우정이야말로 절친하다는 말이 딱 어울리는 관계라고 생각합니다.

"더 나은 사람이 되려는
향상심을 품고
친구 앞에 서는 것.
그것이 친구에게
최대의 예의를 갖추는 것."

상대의 처지에서 생각하는 상상력

친해지기 위한 과정이 있습니다. 서로 전혀 모르는 사이였던 두 사람이 어떤 계기로 말을 걸게 됩니다.

이 사람이랑 얘기하는 것이 재미있다고 느끼고 또 이야기하고 싶다는 생각이 들면, 의식적으로나 무의식적으로 그 사람을 만나 이야기 나눌 기회를 늘리게 됩니다. 다양한 이야기를 나누고, 오랜 시간 함께 있으며 공감하고, 서로의 차이도 알아가면서 거리감을 줄입니다. 시간이 쌓이면서 상대와의 관계가 점점 숙성되어 갑니다.

소세키와 시키도 처음 라쿠고 이야기로 대화가 무르익었을 때 바로 친구 관계가 성립한 것이 아니라 사귐이 계속 이어지면서 어떻게 행동해야 상대가 기뻐할지 조금씩 알고 실천한 것입니다. 다양한 사건을 겪으며 신뢰의 끈이 한 가닥 한 가닥 늘어갑니다.

인연의 끈으로 맺어진다는 것은 그런 게 아닐까요?

튼튼한 인간관계를 맺기 위해서는 '상상력'이 필요합니다. 내 마음, 내 관점에서만 생각하지 말고 상대의 관점에서 보면 어떤가를 생각합니다. 이것이 상상력입니다.

상대의 처지가 되어 본다는 것은 말은 간단하지만 실제로 가능할까요? 어떤 책에서 무릎을 탁, 치게 하는 표현을 보았습니다.

'스스로 남의 신발을 신어보는 것.'

아일랜드인과 결혼해서 영국에 살고 있는 브래디 미카코의 책 『나는 옐로에 화이트에 약간 블루』에 나오는 구절로, 제목에 잘 표현된 것처럼 일본인과 백인을 부모로 둔 중학생 아들이 한 말이라고 합니다.

영국 사회에는 인종, 민족, 빈부의 격차 같은 문제가 복잡하게 얽혀 있습니다. 그런 환경 속에서 아들의 친구 관계를 둘러싸고 다양한 사건이 일어납니다. 학교에서 공감(empathy)에 대해 배운 아들이 부모님에게 한 말이 스스로 남의 신발을 신어보라는 것이었습니다.

"세계에서 일어나는 온갖 혼란을 극복하기 위해서는 나랑 다른 처지인 사람들, 나랑 의견이 다른 사람들의 기분을 상상해보는 게 중요하대. 그러니까 남의 신발을 신어보는 거야."

엄청난 명언이라고 생각했습니다.

상상력이라고 하면 비현실적인 엉뚱한 것을 떠올리는

것이라는 이미지가 있을지도 모르지만, 그 말의 의미는
실제로는 보이지 않는 것들을 머릿속에서 관련지어 생각하는 힘입
니다.

'다른 처지에 있는 타인'이나 '미래의 나'를 '지금 여기 있는 나'와
관련지어 생각할 수 있나요? 이것이 가능한 사람, 즉 상상력
을 발휘할 수 있는 사람은 상대의 처지에서 생각할 수 있
으니 인간관계를 문제없이 꾸려갈 수 있습니다.

후회도 다음 단계로 등을 떠미는 힘이 된다

인간은 누구나 잘못을 범합니다. '왜 그런 짓을 저질렀
을까?' 이런 후회로 남는 일이 친구 사이에서도 흔히 일
어납니다.

깊이 생각하지 않고 심술궂게 군 것. 기분 나쁜 말을 더
기분 나쁜 말로 받아치는 바람에 싸우고 헤어진 것. 내게
창끝이 향할까 봐 무서워서 다른 아이를 괴롭힐 때 가담
한 것.

이런 쓰라린 경험도 무조건 나쁘지만은 않습니다. '이번

에는 같은 짓을 반복하지 않을 거야'라고 다짐하며 교훈으로 삼으면 다음에 비슷한 일을 겪게 되었을 때 다르게 행동할 수 있습니다.

청소년 인생론의 고전이 된 요시노 겐자부로의 『그대들, 어떻게 살 것인가』에는 주인공 코페르가 친구들의 믿음을 저버리는 장면이 나옵니다. 눈 내리는 날, 교정에서 놀고 있던 코페르와 친구들을 보고 상급생들이 시비를 겁니다. 그때 코페르는 공포로 몸이 굳어서 친구를 지키기 위한 행동을 하지 못했습니다.

그는 자신의 비겁함, 부족함을 크게 후회합니다. 그런 코페르에게 어머니가 젊은 시절의 실패담을 들려줍니다. 무거운 짐을 든 할머니가 하염없이 펼쳐진 돌계단을 걷고 있을 때 '짐 들어드릴까요?' 하고 말하고 싶었지만 결국 입이 떨어지지 않았던 것을 20년 이상 지난 지금도 잊지 못한다는 이야기였습니다.

후회가 앞으로 자신의 등을 몇 번이고 떠밀어주는 힘이 될 테니 그 경험을 잊어서는 안 된다고 어머니는 말하고 싶었던 것입니다. 이것이 후회를 쓸모없게 만들지 않는 단 하나의 방법입니다.

언제나 올바른 행동만 할 수 있는 사람은 별로 없습니

다. 사람은 누구나 잘못을 범하는 존재입니다. 하지만 '그렇게 하지 말았어야 했는데'라는 경험을 마음속에 담아두고 그것을 마음의 양식으로 삼아 '다음에는 절대 그러지 않을 거야'라고 자신을 바꾸는 힘으로 만들 수 있습니다.

잘못을 마음의 양식으로 삼아 자신의 삶을 바꿀 수 있는 사람은 매력적이라고 생각합니다.

최고의 친구란?

3장에서 무소의 뿔처럼 혼자서 가라는 석가모니의 말을 소개했습니다. 석가모니는 세상 만물에 대한 집착에서 벗어나서 단독자로 걸어가기 위한 마음가짐을 설파하고 여러 번 '무소의 뿔처럼 혼자서 가라'는 말을 반복합니다.

그러나 이렇게 같은 구절이 반복되다가 다른 말로 끝맺는 부분이 있습니다.

'만일 그대가 '지혜롭고 성실하고 예의 바르고 현명한 동반자'를 얻었다면 어떠한 난관도 극복하리니, 기쁜 마음으로 생각을 가다듬고 그와 함께 가라.'

무소의 뿔처럼 혼자서 가라고 하다가, 여기서는 좋은 친구를 동반자로 삼으라고 이야기합니다. 석가모니가 인생의 동반자로 바람직하다고 생각하는 상대는 어떤 사람일까요?

여러모로 고민해 보았습니다. 제가 내린 결론은, 서로를 높여주는 관계, 향상심으로 연결된 친구입니다.

언제나 더 나은 사람이 되려고 노력하는 사람. 더 높은 곳을 목표로 계속 전진하는 사람. 이렇게 향상심을 품고 서로를 높이기 위해 함께 공명하고 공감하는 관계. 이것이 최고의 친구입니다. 앞서 이야기한 나쓰메 소세키와 마사오카 시키 같은 관계입니다.

중학생 때 선생님께 들은 이야기가 있습니다. 친구였던 두 화가의 이야기입니다.

어느 날, 한 화가가 다른 화가를 찾아갔는데 친구가 하필 외출 중이었습니다. 그는 방에 있는 캔버스에 선을 하나 긋고 돌아갔습니다. 집에 돌아온 화가는 그 선을 보고 '내가 없는 동안 그 녀석이 왔다 갔군' 하고 알아차립니다. 선 하나만 봐도 누구인지 알 수 있는 것입니다. 게다가 그 선을 보고 '와, 그 친구 실력이 정말 좋아졌네. 나도 열심히 해야겠어' 하고 더욱 분발했다는 결말입니다.

만나지 않아도 존재 자체가 상대를 격려할 수 있다는 이야기에 감동했던 기억이 있습니다. 늘 함께 있을 필요는 없습니다. 마음속을 다 털어놓고 서로 이야기를 들어주는 것만이 공감은 아닙니다.

향상심을 자극하는 동료가 있다는 것만으로도 큰 기쁨입니다. 그런 마음의 힘을 자라게 하는 상대를 발견했다면 최고로 행복할 것입니다.

서로 목표가 달라도 괜찮습니다. 향상심이 있다는 점에서 같은 방향을 바라보는 셈이니까요. 이를 두고 니체는 별의 우정이라고 말했습니다. 별과 별은 멀리 떨어진 곳에서 각자 빛나고 있습니다. 그렇게 밤하늘에 반짝이는 별처럼 다른 길을 걷더라도 각자의 분야에서 활약하자는 말입니다.

공자 역시 향상심이 없는 사람을 친구로 삼지 말라고 했습니다. 향상심으로 이어진 친구가 있으면 평생 마음이 든든합니다. 그런 친구와 교류하는 가운데 내가 무언가를 해 줄 수 있다는 기쁨이 샘솟기도 하고, 상대에게 받은 자극으로 더욱 성장할 수도 있습니다. 그 사람이 있어서 내 마음도, 삶도 풍부해진다고 느낄 수 있다면 그것이 진정한 친구입니다.

친구는 역시 좋은 것입니다.

친구 만들기를 겁내지 마세요.

동시에 혼자가 되는 것도 두려워 마세요.

인생의 키를 잡은 사람은 여러분 자신입니다.

앞으로 여러분이 좋은 친구를 만나 서로 힘이 되어주는
관계가 되기를 진심으로 기원합니다.

마지막으로 응원합니다.

"그대여, 동경의 화살이 되기를!"

마음의 거리를 줄이는
일곱 가지 방법

비대면 대화가 일상화된 시대의 관계 맺기

지구 생태계가 파괴되면서 감염병 유행 주기가 짧아지고 있습니다. 사스(중증급성호흡기증후군), 신종 인플루엔자, 메르스(중동호흡기증후군), 코로나19를 거치며 어느덧 '사회적 거리두기'란 말에 익숙해졌습니다. 타인과 '밀접'하게 접촉하지 말고 물리적인 거리를 유지하자는 규칙입니다. 공공시설 이용 인원을 제한하거나 사적인 모임을 규제하는 사회적 거리두기를 다양한 형태로 많이 경험했을 것입니다.

아동과 청소년기는 어른이 되어 생계를 유지하고 원만한 사회생활을 하기 위해 사회성을 집중적으로 키우는 시기입니다. 사회적 거리두기 기간에 성장기를 보내고 앞으로도 그런 시기를 여러 번 거칠 가능성이 큰 아동과 청소년, 청년은 어떻게 하면 사회성과 관계의 기술을 효과적으로 익힐 수 있을까요?

이 시대를 살아가는 여러분에게 도움이 될 수 있는 지침을 부록에서 정리해 보았습니다.

인간 사회는 사람과 사람이 다양한 형태로 연결되어 성

립합니다. 코로나19가 확산하기 시작했을 무렵 대면 수업과 모임이 대부분 취소된 상황에서 혼자 자취방에서 생활한 대학생은 너무나 불안하고 고독했다고 털어놓았습니다.

수업은 휴강하고 학교 안 건물들은 출입을 금지했습니다. 동아리 활동과 각종 교외 활동도 중단되었습니다. 아르바이트하던 가게가 문을 닫는 바람에 일자리도 수입도 잃었습니다. 친구와도 만날 수 없고, 고향 집에 돌아갈 수도 없었습니다.

SNS를 통해 주고받는 짧은 말만이 타인과의 유일한 연결 고리였다고 합니다. '누구든 좋으니까 잡담을 나누고 싶다. 함께 이야기하며 웃고 싶다'고 진심으로 느꼈다고 합니다. 사회와의 연결 고리가 끊어져 버리면 지독한 고독감을 맛보게 됩니다.

비대면 수업이 끝나고 학교로 돌아갔을 때 각자의 책상을 떨어뜨려 놓고 칸막이를 세워놓은 교실이 낯설었을 것입니다. 마스크를 쓰고 생활하는 것이 일상이 되었습니다. 사람들과 얘기할 때 조금 떨어져서 하려고 늘 거리를 의식합니다. 앞으로도 감염병 위기가 닥칠 때마다 이런 일이 반복될지도 모릅니다.

몸으로 다가갈 수 없으면 '마음의 거리'라도 줄일 수는 없을까요? 직접 대면하지 않는 상대와도 '마음의 거리'를 줄이기 위한 노력이 필요해졌습니다.

그동안 비대면 수업이나 모임이 일상화되었습니다. 꼭 감염병 때문이 아니라도 비대면 대화도 우리 삶의 중요한 부분이 되었습니다. 비대면으로 소통할 때는 직접 만나 대화할 때와 조금 다른 접근법이 필요합니다.

좀 더 밝은 모습으로 이야기하고 싶은데 왠지 표정이 굳어버리고 신나게 얘기하기 어렵나요? 비대면으로 대화할 때는 우리 모두 연예인처럼 '모니터 안의 사람'이 되었다고도 할 수 있습니다.

방송 프로그램에 출연해 보고 알게 되었는데 화면에 좋은 모습으로 비치기 위해 중요한 것은 태도만이 아닙니다. 발성법, 자신이 화제가 되었을 때의 반응, 화법 등에 비결이 있습니다. 익숙해지면 누구나 할 수 있습니다. 인기 유튜버 역시 많은 이들이 좋아할 만한 콘텐츠뿐만이 아니라 사람을 끌어당기는 화법, 표현법을 잘 알고 있습니다.

비대면으로 대화할 때 도움이 되는 요소들을 정확히 파악하고 있으면 직접 만나지 않아도 좋은 인상을 주고 관계를 잘 유지할 수 있습니다. 지금 방법을 익혀 두면 의사소통에 평생 자신감을 느낄 수 있습니다.

친해지고 싶은 사람과 '마음의 거리'를 줄이기 위한 일곱 가지 방법을 소개합니다.

첫째, 목소리는 크고 분명하게

목소리는 몸에서 나옵니다. 목소리가 그 사람의 에너지를 보여준다고 할 수 있죠. 아무리 좋은 이야기라도 작은 목소리로 중얼거리면 전달되지 않습니다.

방송 녹화할 때 보면 출연자들은 모두 큰 소리로 말합니다. 마이크를 달고 있으니 작게 말해도 들리긴 합니다. 하지만 작은 목소리로 말하면 패기가 없습니다. 생생한 에너지가 느껴지지 않습니다.

목소리에도 기세가 있습니다. 목소리에 기세가 있는 사람은 존재감을 발산합니다. 출연자들도 이 사실을 잘 알고 있어서 목소리에 힘을 줍니다. 호흡을 깊게 하면서 의식적으로 또박또박 말하는 습관을 들이면 할 수 있습니다.

둘째, 움직임도 크게. 진짜 기분의 1.5배로

마스크를 쓰고 이야기할 때나 화면을 통해서 말할 때는 표정이 잘 보이지 않으므로 조금 과장되게 느껴질 정도로 움직여야 전달력이 높아집니다.

예를 들어 나란히 걸어가면서 이야기할 때는 일일이 고개를 끄덕이지 않을 것입니다. 작게 "응" "그래?" 하고 넘어가도 전달되니까요.

하지만 마스크를 하고 있다면 그 정도로는 알 수 없습니다. 마찬가지로 비대면 대화에서도 흘러가는 대화는 잘 전달되지 않습니다. 머리를 크게 움직이며 끄덕이는 동작을 보여주어야 합니다.

말할 때 몸동작이나 손동작을 섞는 것은, 상대에게 '꼭 전하고 싶다'는 적극성을 보여줍니다. 저는 학생들에게 "이탈리아인이 되었다고 생각하고 말해 보자"라고 권하

곤 합니다. 이탈리아인들은 손 움직임이 크고 표현력이 대단히 풍부합니다. 손으로 말을 한다고 느껴질 정도입니다.

이탈리아인이 되었다고 생각하고 평소 기분보다 '1.5배' 크게 표현해 봅시다. 그러는 사이 목소리도, 명랑함도 분명 '1.5배' 커질 것입니다.

셋째, 호감도를 높이는 동작을 연습하자

'상대의 눈을 본다.'

'가볍게 미소 짓는다.'

'고개를 크게 끄덕인다.'

'맞장구친다.'

기분 좋은 대화로 이끄는 기본 동작입니다. 우선 상대에게 말할 때 그 사람의 눈을 바라봅니다. 상대가 말할 때도 그 사람의 눈을 봅니다.

온라인 수업 중에 싱글벙글 웃으면 선생님이 의아하게 여길지도 모릅니다. 어느 정도 웃어야 하는지는 때와 장소에 따라 다르겠지만, 대화하는 경우라면 기본적으로 가볍게 미소를 지으며 부드러운 표정을 유지하면 됩니다.

이야기를 들으며 가끔 고개를 끄덕이거나 맞장구를 칩니다. 이런 동작을 할 때는 앞서 언급했듯, 크고 분명하게 표현합니다. 공감을 전달하는 '맞장구치기'는 이야기의 흥을 돋우는 효과가 있습니다.

"그래?" "그렇구나" "맞아, 맞아" "진짜!" "내 말이" "최고!" "와!"……. 적당한 타이밍에 맞장구를 치면 말하는 사람이 이야기를 이어가기 쉬워지고 대화는 활력을 얻습니다.

절구와 공이를 써서 전통 방식으로 떡을 찧을 때는 옆에서 반죽 표면에 물을 발라주며 도와주는 사람이 필요합니다. 이 사람이 박자를 잘 맞추면 공이질 하는 사람은 한층 신나게 떡을 찧을 수 있습니다. 이와 비슷합니다.

이런 것들은 모두 의식의 주고받음입니다.

상대의 눈을 보는 행위는 '당신에게 말을 걸고 있습니다' '당신의 말을 잘 듣고 있습니다'라는 의사표시입니다. 고개를 끄덕이고 맞장구를 치면 상대는 '아, 내 이야기를 듣고 있구나. 서로 통하는구나' 하고 안심합니다.

이야기 내용뿐 아니라 시선이나 표정, 몸동작과 같은 비언어적인 형식을 통해서도 상대와 이중, 삼중으로 소통하고 있는 셈입니다. 그러니까 '기분 좋게 이야기했다'라는 마음이 들면서 상대에게 친근감을 느끼게 됩니다.

사춘기를 통과하며 타인의 시선에 극도로 민감해진 10대와 20대 중에는 어쩐지 부끄러워서 타인의 눈을 쳐다보기 부담스럽다는 사람도 많지만, 익숙함의 문제입니다. 가능한 한 빨리 연습해서 극복해야 나중에 편합니다.

넷째, 힘찬 인사에 덧붙이는 한 마디

인사는 상대와 원만한 관계를 맺기 위한 기본입니다.

'나는 당신의 적이 아니에요'라는 메시지를 전하기 위한 것이죠. 그러니 좀 더 친해지고 싶고 마음의 거리를 좁히고 싶다면 먼저 말을 걸고 마음의 문이 열려 있음을 알리는 것이 좋습니다.

이때도 목소리의 기세가 중요합니다. 시원하게 목소리를 냅시다. 말을 걸었는데 무시당하면 싫습니다. 하지만 알고 보면 무시한 것이 아니라 단순히 못 들었을 뿐인지도 모릅니다. 작은 목소리로 말하면 상대에게 들리지 않을지도 모릅니다. 그러고 나서 괜히 오해하지 말고 처음부터 크고 분명하게 말하는 것이 좋습니다. 상대의 이름을 부르며 인사하면 좀 더 확실히 전해집니다.

더 중요한 것은 그다음입니다. 인사로만 끝내지 말고 한마디 덧붙입니다. 처음에는 무난한 화제가 좋습니다. 무슨 이야기를 하면 좋을지 몰라 난처하다면 날씨를 화제로 삼는 것이 무난합니다. 날씨 이야기는 단순하고 공감하기 쉬우며 누군가를 상처 입히지 않습니다. 우선 '기분 좋게 이야기할 수 있는 상대'라는 점을 알려야 거리를 좁혀나갈 수 있습니다. 특히 친해지기 전에는 개인적인 이야기를 파고들지 않도록 주의합시다. 실수로 '지뢰'를 밟아 버리면 돌이키기 힘드니까요.

날씨 이야기 말고도 요즘 유행하는 것, 먹을 것, 동네 정보, 지금 두 사람의 눈에 들어오는 풍경 등 공통의 화제가 될 만한 가벼운 이야기가 좋습니다. 공감하고 함께 고개를 끄덕일 만한 접점을 발견하면 거기서부터 화제도 발전할 것입니다.

다섯째, 악수는 못 해도 박수는 칠 수 있다

고개를 끄덕이고 맞장구를 치면서 공감을 표현하는 것
도 좋지만, 더 추천하고 싶은 것은 박수입니다.

박수는 공감이자 찬동이 되기도 하고, 갈채나 응원이 되기도 합
니다. 감사의 표현이기도 하죠. 박수는 세계 공통의 비언어적 소통
법입니다.

코로나19 환자를 구하기 위해 의료 현장에서 일하는 분
들에게 박수를 보내자는 운동이 영국에서 시작되어 각국
으로 퍼졌습니다. 사람들은 정해진 시간에 창문에서, 발
코니에서, 옥상에서, 감사와 응원의 박수를 보냈습니다.

온라인에서도 누군가 좋은 말을 하면 '좋아요!'라고 박
수를 쳐 봅시다. 소리는 잘 들리지 않더라도, 박수를 치는
모습은 영상으로도 잘 전해집니다. 박수뿐만이 아니라 제
가 여기서 소개하고 있는 일곱 가지 방법은 모두 '몸으로
반응하는 법'입니다.

반응과 응답을 '상호작용'이라고 합니다. 반응이 좋은 사
람과 함께 있으면 기분이 좋습니다. '느낌이 좋은 사람'이 될
수 있죠. 호감도가 올라갑니다. '마음의 거리'를 줄이기

위해서는 섬세한 반응을 보이는 것이 대단히 중요합니다.

친근감을 표현할 때 서양 사람들은 악수를 하고 껴안기도 합니다. 코로나19 팬데믹이 한창일 때는 최대한 접촉을 피하고자 악수 대신 팔꿈치와 팔꿈치를 교차하는 인사법이 확산되었습니다. 이것도 몸을 이용한 상호작용입니다.

어떤 일이 불가능해지면 바로 대신할 것을 생각해내는 것이 우리 인간의 멋진 면입니다. 평소에는 하이파이브를, 감염병이 유행할 때는 팔꿈치 인사를 할 수 있습니다. 모니터로만 접촉할 때는 박수를 칠 수 있습니다. 어떤 경우든 몸으로 공감을 표현하면 친구나 동료와의 사이가 더욱 돈독해질 것입니다.

여섯째, 호흡을 맞춰 일체감을 맛보자

'마음의 거리'를 줄이는 최고의 상호작용은 호흡을 맞추는 것입니다. 함께 춤을 추거나 노래를 부르고 악기를 연주하면 일체감이 솟아납니다. 몸의 리듬을 맞추고 호흡을 맞추기 때문입니다.

여러 명이 함께 춤을 추거나 악기 연주를 시작하면 처음에는 제각각입니다. 연습을 거듭하면서 점차 호흡이 맞게 되지요. 호흡이 완전히 일치하면 '우리는 최고의 팀'이라는 일체감에 가슴이 벅차오릅니다.

배드민턴이나 탁구처럼 두 명이 조를 짜서 겨루는 스포츠도 호흡을 맞춰야 합니다. 같은 리듬에 맞춰 똑같이 움직이는 것은 아니지만 같은 조끼리 호흡이 맞지 않으면 실수를 연발하게 됩니다.

축구나 배구 같은 팀플레이 스포츠도 선수들의 호흡이 맞지 않으면 경기가 잘 풀리지 않습니다. 만담이나 연극, 뮤지컬 역시 호흡이 맞아야 리듬감이 살아나고 재미있습니다.

호흡이 맞는다는 말은 서로에게 맞출 때 비유로 쓰는 일이 많지만, 말 그대로 호흡의 리듬을 맞춰야 할 때도 있습니다.

호흡을 맞출 줄 알면 타인과 함께 뭔가를 할 때 타이밍을 잘 맞추게 됩니다. 특별한 도구나 연습 없이도 이런 것을 체감할 수 있는 활동이 '걷기'입니다. 가족도 좋고, 친구도 좋습니다.

누군가와 함께 걸어 보세요. 같은 속도로 걸으려면 상대의 보폭과 속도를 잘 파악한 다음 거기 맞춰야 합니다.

상대가 숨을 들이마시고 내뱉는 리듬을 느끼고 그 호흡의 리듬에 맞추면 발걸음도 맞아떨어지기 시작하면서 기분 좋은 일체감이 느껴집니다. 그때 무조건 상대에게만 맞추려 하면 자신의 속도를 잃어버려서 힘들어지거나 짜증이 납니다. 나의 리듬을 적당히 조절하면서 타인의 리듬에 맞추는 것이 중요합니다. 상대의 숨을 느끼면서 능동적으로 반응하는 것입니다.

상대의 호흡을 느끼는 힘, 호흡을 맞추는 힘을 어떻게 키우는지 몸으로 알아두면 앞으로 만나게 될 다양한 상황에서 도움이 됩니다. '호흡'을 맞출 줄 아는 것은 '마음'을 맞추기 위한 좋은 연습이 됩니다.

'마음이 맞는 것은 타고난 성격 문제이지 일부러 어떻게 할 수 있는 게 아니잖아요?'

혹시 이렇게 생각하고 있나요? 물론 성격도 관계가 있지만, 타인과 호흡을 맞출 줄 알면 마음도 맞출 수 있게 됩니다. 그러면 마음이 맞지 않는 사람도 점차 줄어들겠지요? 대인관계에서 이보다 더 유용한 기술이 있을까요?

일곱째, 말을 흉기로 삼지 않는다

재치 있는 말로 모두를 웃게 만드는 사람은 인기를 얻습니다. 분위기를 띄우기 위해 사람들을 웃기려는 의도는 좋지만, 누군가를 깎아내리는 방식의 농담은 절대로 하면 안 됩니다. 웃기고 싶다고 해서 다른 사람의 단점이나 신체적 특징을 비웃는 짓은 해서도 안 되고 입에 담아서도 안 됩니다.

'놀리기'는 괴롭힘과 다르다고 생각하는 사람도 있는 것 같지만 당하는 사람이 참으며 희생하는 가치가 있는 상황은 웃기는 일이 직업인 개그맨이 예능을 할 때뿐입니다. 그것도 스스로 자신을 웃음의 소재로 삼는 경우에만 의미가 있습니다.

이 점을 마음에 분명히 새겨두길 바랍니다.

'만일 내가 저 입장이라면, 평소 신경 쓰이던 점을 놀리며 웃음거리로 삼는다면 어떤 기분일까?'

이렇게 생각하면 무엇이 잘못인지 깨달을 수 있을 것입니다. 말의 독성, 사람을 상처 입히는 위험성을 생각할 줄 모르는 사람은 남의 처지가 되어 보는 상상력이 부족한 것입니다.

"전부터 생각했는데 넌 패션 센스가 별로야. 거울 좀 보자."

"널 위해서 하는 충고인데, 왜 안 들어?"

이런 식으로 말하지 않나요?

'사실을 솔직하게 말하는 게 뭐가 나빠요?' 이런 생각이 들었다면 주의가 필요합니다. 솔직히 말해서 나쁜 것이 아니라 말하는 방식이 나쁜 것입니다. 솔직한 의견이니까 타인을 불쾌하게 만들고 상처 입혀도 괜찮다는 법은 없습니다. 실례가 되는 말은 하지 않도록 연습해야 합니다.

어떻게 이런 습관을 고칠 수 있을까요?

이 사람과 '마음의 거리'를 좀 더 줄이기 위해서는 어떤 식으로 말해야 좋을지 미리 궁리해 보는 것입니다. 이제까지는 머릿속에 떠오른 생각을 그대로 말로 내뱉었던 사람이라도, 친해지고 싶고 잘 보이고 싶은 상대에게는 어떻게 말해야 그 사람의 기분이 상하지 않을지 고민할 것입니다. 누구를 대하든 그런 식으로 고민하고 배려하다 보면 바뀔 수 있습니다.

말에는 힘이 있습니다. 사람을 격려할 수도 있고 용기를 북돋아 줄 수도 있습니다. 잘못 사용하면 흉기가 되기도 하지요. 흉기를 휘두르듯 함부로 말하는 버릇은 되도록 빨리 고쳐야 합니다.

성격을 탓하지 말고 행동을 바꾼다

잘 안 되는 원인을 성격 탓으로 돌리는 사람이 많습니다.

"인사가 중요한 것은 알고 있지만, 내성적인 성격이라 먼저 말을 걸 용기가 나지 않아요."

이렇게 말하는 사람도 있지만, 성격과 인사는 별로 관계가 없습니다. 인사는 '반응'입니다. 즉시 인사를 못 하는 것은 몸의 반응이 둔하기 때문입니다.

아르바이트를 하며 손님 대하는 법을 익히고 매일 손님이 가게에 들어서자마자 "어서 오세요" 하고 웃는 얼굴로 인사하다 보면 일상생활에서도 자동적으로 인사가 나오는 몸이 됩니다. 민첩하게 반응하도록 몸을 훈련하면 성격이 바뀌지 않아도 인사를 잘하는 사람이 됩니다.

"원래 성격은 내성적이라 다른 사람과 말을 트는 게 힘들어요." "낯을 가리는 편이고 어두운 성격이에요." 이렇게 말하는 배우나 개그맨을 숱하게 보았습니다.

그런 성격으로 어떻게 화려한 무대 위에서 그토록 돋보일 수 있을까요? 자신의 매력으로 사람들을 사로잡는 재주와 기술을 열심히 갈고닦았기 때문입니다.

성격을 바꾸어 다른 사람이 되자는 것이 아닙니다. 재주와 기술을 몸으로 철저하게 익히면 원래 성격이 어떻든 원하는 모습이 될 수 있습니다.

잘 안 풀리는 원인을 성격에서 찾지 마세요. 성격이 원인이라고 생각하면 바꾸기 어렵다고 체념하기 쉬우니까요. '내겐 기술이 부족한 것뿐이야'라고 생각하세요. 기술은 연습하면 익힐 수 있습니다. 열심히 갈고닦으면 됩니다.

평소의 행동을 바꾸면 사람은 바뀔 수 있습니다.

'마음의 거리'를 줄이기 위한 일곱 가지 방법은 모두 구체적인 행동입니다.

할 것인가, 하지 않을 것인가.

하지 않으면 익힐 수 없습니다.

하면 변화할 수 있습니다.

친해지고 싶은 사람과 잘 지낼 수 있게 바뀌는 사람이
많아지길 마음으로 기원합니다.

나오는 말

코로나19 팬데믹으로 평온한 일상생활이 갑자기 멈추었습니다. 경기가 나빠져 어른들의 얼굴이 어두워지고 친구들을 만나기 어려운 나날이 이어졌습니다. 불안해지고 의기소침해지는 일의 연속이었을지도 모르지만, 젊은 여러분들은 부디 희망을 잃지 않기를 바랍니다.

많은 이들이 세상을 떠났고, 소중한 추억이 되었을 각종 행사가 취소되었습니다. 비대면 수업이 많아지면서 학업에 어려움을 겪는 학생들도 많았습니다. 그러나 어떤 일도 백 퍼센트 나쁜 면만 있지는 않습니다.

전 세계가 감염병 위기로 휘청이는 가운데 어떻게 대처할지, 무엇이 가능한지 좀 더 나은 방법을 찾기 위한 변화가 일어났습니다. 이제 사람들은 대형 재난을 좀 더 잘 이해하고 좀 더 잘 대응하게 되었습니다. 사상과 종교, 문화가 다른 세계의 사람들이 감염병 확산을 막기 위해 공동의 노력을 기울이게 된 것은 획기적인 일입니다.

온라인으로 사람을 만나고, 공부하고, 일하는 방식이 순식간에 퍼져나갔습니다. 이제는 다양한 상황에서 직접 갈 것인가, 온라인으로 참여할 것인가라는 두 가지 선택지를 두고 고르는 시대가 되었습니다. 학교에 가서 공부할 것인가, 아니면 온라인으로 배울 것인가. 동아리 회원들과 회의실에서 얘기할 것인가, 아니면 온라인으로 회의할 것인가.

컴퓨터만 있으면 어디에서나 일할 수 있어서 여행지를 옮겨 다니며 생활하는 사람들이 지금은 소수지만, 앞으로는 늘어날 것입니다. 인생의 선택지가 더욱 늘어나고 그에 따라 여러분의 미래도 달라질 것입니다.

앞으로 다가올 시대에 가장 필요한 것은 주체적으로 살아가는 힘입니다. 누군가 내리는 지시를 기다리는 것이 아니라 스스로 생각해서 움직일 수 있나요? 앞으로는 능동성과 자주성이 더 요구될 것입니다.

주체성의 뿌리에 있는 것이 '혼자가 되는 용기'라고 저는 생각합니다. 혼자가 되는 것을 겁내지 않는 마음, 혼자 있는 것을 즐길 수 있는 마음은 타인과 잘 지내기 위해서 필요하고 동시에 주체적인 삶의 기반이 됩니다.

이제까지와는 다른 세상을 적극적으로 받아들이고, 그에 적응해서 변화를 내 편으로 만들 수 있는 사람이 되길 바랍니다.

여러분은 젊고, 생각도 유연합니다.

개방적인 마음으로 '좀 더 나은 나'와 '좀 더 나은 세상'을 꿈꾸며 강하게 살아나가길 기원합니다.

송지현 옮김

한국외국어대학교 일본어과 졸업 후 동 대학교 일어일문학과 석사 과정을 수료했으며, 도쿄대학교 대학원 인문사회계연구과(일본문화연구 전공) 석사 학위를 취득했다. 현재 번역 에이전시 엔터스코리아에서 출판기획 및 일본어 전문 번역가로 활동하고 있다. 역서로 『끝까지 해내는 아이의 50가지 습관』 『정의감 중독 사회』 『오늘도 고바야시 서점에 갑니다』 『마음의 병에 걸리는 아이들』 『생각 비우기 연습』 『0-1세 아기 교육』 『어린이 철학 카페』 『고양이 의사 로베르트』 『올빼미 연구 노트』 등이 있다.

혼자가 되는 용기, 타인과 연결되는 힘
10대를 위한 관계 수업

1판 1쇄 발행 2023년 5월 2일	지은이 사이토 다카시
1판 4쇄 발행 2023년 11월 27일	옮긴이 송지현
	펴낸이 백지선
	마케팅 용상철
	인쇄 도담프린팅

펴낸곳 또다른우주
등록   제2021-000141호(2021년 5월 17일)
전화   02-332-2837
팩스   0303-3444-0330
이메일 anotheruzu@naver.com
블로그 blog.naver.com/anotheruzu

ISBN 979-11-981279-4-5 03190

친구는 당신이 선택한 가족이다.

_ 제스 C. 스콧